중앙문고
머리

큰아이들
해적선의 재건축
박성희 쓰고그린

행정쟁송법 쟁점리마인드

행정소송법
제12조(원고적격) 취소소송은 처분 등의 취소를 구할 법률상 이익이 있는 자가 제기할 수 있다.

행정심판법
제13조(청구인적격) ① 취소심판은 처분의 취소 또는 변경을 구할 법률상 이익이 있는 자가 청구할 수 있다.

원고적격

1 법률상 이익의 의미
1) 학설
 ① 권리구제설 ② 법률에서 보호되는 이익구제설
 ③ 소송상 보호가치 있는 이익구제설 ④ 적법성보장설
2) 판례
 처분의 제3자, 근거, 관련 보호되는 개, 구, 직 이익
 간, 사, 경 구별
3) 검토
 권종, 가치, 범위 차이, 적법 재판소송화 → 법적 이익
 개정안 법률상 이익 → 법적 이익

2 법률의 범위
1) 학설
 ① 근 ② 근+관 ③ 근+관+헌법상 기본권
2) 판례
 대법원 근거 및 관련 / 최근 대법의 자율성 넘봄.
 헌재 헌법상 기본권인 경쟁의 자유
3) 검토
 ③ 타당 헌법상 기본권 해석적인 권리

3 '자'의 의미
당사자능력 : 주소력 능력(자연인, 법인, 비법인사단)
국가기관인지 × 신권위원회 , 소방청장

4 제3자의 원고적격 문제*

1. 긍정
연탄·화장장 주민, 원자력 환경영향평가, 부실 주

2. 부정
상수원 주민, 노조수리 회사, 임시이사 노

제3자 등의 원고적격

■ 인근주민소송(→ 의미, 범위, 자)
환경영향평가구역 내 원고적격 / 밖 부정
밖 피해입증 인정
대표이사, 수녀원, 도롱뇽 능력 ×

■ 경업자소송(→ 의미, 범위, 자)
인, 허가 근거법령 과당경쟁방지(거리제한) 인정
기존업자 강학상 특허 인정, 강학상 허가 부정

■ 경원자소송(→ 의미, 범위, 자)
경원자관계 원고적격 인정.
but 명백한 법적 장해 법률상 이익(소의 이익) 부정

■ 학교법인 임시이사선임처분(→ '자' 정정) 비법인사단
1. 교수협의회 : 교육의 자주성, 대학의 자율성 인정
2. 총학생회 : 교육받을 권리 인정
3. 대학교지부 노동조합 : 근로조건의 향상 원고적격 부정

■ 지방자치단체(→ '자' 정정) '행정주체'
지방자치단체에 원고가 이름 실효성 해결 수단이 없음
이상, 원고는 건축물 소재지 관할 허가권자인 지방자치단체의
장을 상대로 항고소송을 통해 건축협의 취소의 취소를 구할
수 있다(대판 2012두22980).

■ 국가기관(→ '자' 정정) 당사자능력 × (소방청장)
시·도선거관리위원회위원장 Z이 국민권익위원회의 조치요구
를 다툴 별다른 방법이 없는 점, 처분성이 인정되는 위 조치요
구, 비록 시·도선거관리위원회위원장 Z이 국가기관이나다라도
당사자능력 및 원고적격을 가진다(대판 2011두1214).

청구인적격 → 2014 사례

1 법률상 이익의 의미 및 범위, 자
원고적격과 동일

2 문제
행정심판의 대상 위법, 부당한 처분, 청구인적격을 원고적격과
동일하게 '법률상 이익' 일치인가

3 학설
1) 입법과오설 : 부당한 처분으로 인하여 발생하는 불이익은
반사적 이익
2) 입법비과오설 : 법률상 이익 → 청구인적격에 관한 규정,
부당한 공복처분 보수청구권 침해
3) 입법비설 : 원치 입법비과오, 입법개선이 필요

4 검토
청구인적격과 대상적격으로서의 권리를 침해하는 처분의 위법
또는 부당의 판단은 논의의 대상이 다름. 행정심판의 자기통제
기능 부당한 침해 논의 입법적 개선이 필요

■ 노조설립신고수리(→ 2014 사례 기출)
노동조합 설립신고의 수리 그 자체에 의하여 사용자에게 어떤
공적 의무가 부과되는 것도 아니라고 할 것이어서 노동조합이
설립신고의 수리처분 그 자체만을 다툴 당사자적격은 없다(대
판 96누9829). ※ **청구인적격** ×

■ 택시회사 과징금 운전기사(→노조설립신고수리 회사)
회사에 대한 과징금부과처분으로 상여금지급이 제한되더라도
이는 단순한 경제적 불이익에 불과하므로 당해 운전기사는 원
고적격이 없다(대판 93누24247). ※ **청구인적격** ×

출제 가능 설문	메 모

사 전 대법원 2007두23811 [담배소매인지정처분취소]

甲(원)고는 군산시 소룡동 755 신도시아파트 정문 앞 점포에서 '함격'이라는 상호로 담배 일반소매인 지정을 받아 그곳에서 담배 일반소매인 영업을 하고 있고, 관할 행정청은 '함격'으로부터 약 30m 떨어진 곳(본건사업장이 있음)에서 '불합격'이라는 점포를 운영하는 乙(참가인)에 대하여 甲(원고)과 같은 담배 일반소매인 지정처분을 한 경우에 甲이 제기한 乙에 대한 지정처분취소소송에서 甲의 원고적격여부 및 피고적격은?

사 전 대법원 2004두6716 [분뇨등관련영업허가처분취소]

甲이 은평구에서 관련법령(공급 및 수요의 적정조화)에 따라 분뇨 수집·운반업 및 정화조청소업을 일종으로 한 분뇨등 관련 영업허가를 받아 독점적으로 분뇨등 수집·운반업 및 정화조청소업 영업을 하고 있었는데, 관할 행정청은 乙에 대하여 甲과 같은 분뇨 등 관련영업허가처분을 하였느바, 甲은 乙에 대한 허가처분의 취소를 구할 법률상 이익이 있는가?

사 전 대법원 2011두1214 [불이익처분원상회복등요구자문취소]

경기도선거관리위원회 소속 공무원 甲은 2008. 3. 31. 국민권익위원회에 부패신고를 한 사실
① 경기도선거관리위원회는 甲에 대한 징계의결을 요구한 사실
② 중앙선거관리위원회는 '甲이 방송 인터뷰를 통하여 허위로 전승하고 그 인터뷰 내용이 누구에게 보도되었다'는 이유로 甲에 대한 징계의결을 경기도선거관리위원회에 통보한 사실
③ 경기도선거관리위원회는 2008. 7. 2. 甲에 대한 이 사건 징계의결을 한 사실
④ 국민권익위원회는 甲의 소속기관의 장인 乙에게 '甲에 대한 이 사건 징계요구를 취소하고, 향후 신고로 인한 신분상 불이익한 조치 및 근무조건상의 차별을 하지 말 것을 요구하는 내용의 조치요구를 한 경우에 국가기관인 乙은 조치요구취소소송의 원고적격이 인정되는가?

사 전 대법원 2012두19496,19502 [이사선임처분취소·사선임처분취소]

교육부장관은 학교법인 상지학원의 이사로 A, B, C를 각 선임하였고, 상지대학교 교수협의회(이하 '甲'이라 한다), 전국대학노동조합 상지대학교지부(이하 '乙'이라 한다), 상지대학교 총학생회(이하 '丙'이라 한다)는 이 사건 이사선임처분의 취소를 구하는 소송을 제기하였다.
甲, 乙, 丙의 원고적격은 인정되는가?

사 전 대법원 93누24247 [과징금부과처분취소]

A택시회사는 노사 간에 임금협정을 체결함에 있어 운전기사의 합승행위로 교육받는 금품가량을 그 급여산정에 포함시킴으로써 과징금의 부담을 당해 운전기사에게 전가하기로 한 것에도 불구하고, 관할 행정청은 위와 같은 합승행위로 화사에 대하여 과징금이 부과되면 당해 운전기사에 대한 상여금지급시 그 금여상당을 공제하기로 규정하고 있는데, 丙이라고 규정하도록 구성하고 있는바, 운전기사 甲이 甲의 취소심판에 대해 과징금부과처분에 대하여 甲이 취소심판의 청구인적격이 인정되는가?

사 전 대법원 2015다34444 [법무사사무원채용승인거부취소] ※ 직업선택의 자유

법무사 甲은 乙과 근로계약을 체결한 후 서울지방법무사회(A)에 사무원채용승인신청을 하였으나 A는 거부하였다. 이에 乙이 거부처분에 대하여 취소소송을 제기한 경우에 원고적격이 인정되는가?

행정쟁송법 쟁점리마인드

제29조(취소판결 등의 효력) ① 처분 등을 취소하는 확정판결은 제3자에 대하여도 효력이 있다.
제16조(제3자의 소송참가) ① 법원은 소송의 결과에 따라 권리 또는 이익의 침해를 받을 제3자가 있는 경우에는 당사자 또는 제3자의 신청 또는 직권에 의하여 결정으로써 그 제3자를 소송에 참가시킬 수 있다.
제17조(행정청의 소송참가) ① 법원은 다른 행정청을 소송에 참가시킬 필요가 있다고 인정할 때에는 당사자 또는 당해 행정청의 신청 또는 직권에 의하여 결정으로써 그 행정청을 소송에 참가시킬 수 있다.
제31조(제3자에 의한 재심청구) ① 처분 등을 취소하는 판결에 의하여 권리 또는 이익의 침해를 받은 제3자는 자기에게 책임없는 사유로 소송에 참가하지 못함으로써 판결의 결과에 영향을 미칠 공격 또는 방어방법을 제출하지 못한 때에는 이를 이유로 확정된 종국판결에 대하여 재심의 청구를 할 수 있다.

제16조 제3자의 소송참가, 대세효 ★

1 취소판결의 제3자효(형성력, 대세효) ★
1) 학설
   이해관계 있는 제3자 VS 일반인
2) 판례
   행정처분의 무효확인판결의 효력은 취소판결과 같이 소송의 당사자는 물론 제3자에게도 미치는 것
3) 검토
   행소법제16조, 제31조 취지 제3자는 일반인 포함

2 이의 및 취지
제3자 공격방어방법을 제출할 기회를 제공. 제3자의 재심청구 예방

3 참가요건
1) 소송의 결과
2) 권리 또는 이익의 침해(판례: 법률상의 이해관계)
3) 관련판례 ★
   학교법인 임원취임승인취소 취소소송

4 참가절차

5 참가인의 지위(민소법제67조)
공동소송적 보조참가인, 판결의 기판력이 미침, 당사자가 아니므로 소의 취하·청구의 포기·인낙을 불허, 피참가인의 의사에 반하여 상소제기, 상소취하 등 허용

제17조 행정청의 참가

1 취소판결의 기속력 ★
1. 의의
2. 기속력의 범위
   ① 주 ② 객 ③ 시
3. 기속력의 내용
   ① 반 ② 재 ③ 결

2 이의 및 취지(기속력)

3 참가요건

4 참가절차

5 참가인의 지위(민소법제76조)
단순보조참가인
일체의 소송행위
피참가인의 소송행위와 저촉되는 행위 ×

제31조 제3자에 의한 재심청구 → 2016 사례

1 취소판결의 제3자효(형성력, 대세효)
1) 학설
   이해관계 있는 제3자 VS 일반인
2) 판례
   행정처분의 무효확인판결의 효력은 취소판결과 같이 소송의 당사자는 물론 제3자에게도 미치는 것
3) 검토
   행소법제16조, 제31조 취지 제3자는 일반인 포함

2 이의 및 취지
확정판결의 소송법에 대한 기판력을 배제하기 위한 소송

3 요건
1) 취소판결의 확정
2) 권리 또는 이익의 침해(판례: 법률상의 이해관계)
3) 자신에게 책임 없는 사유 참가 ×
   대법원은 사회통념상 불구하고 제3자가 통상인으로서 일반적 주의를 다하였어도 중전 소송이 계속을 알기 어려웠다는 것을 알고 있었던 경우에는 당해 소송에 참가를 할 수 없었던 특별한 사유가 있었을 것, 입증책임은 제3자

4 청구기간
30일, 1년 모두 불변기간

출제 기능 설문	메 모
사건 대법원 2002두11073 [임원취임승인취소처분취소]	

교육인적자원부장관 Z은 학교법인 한국그리스도의 교회학원(이하 'A학원'이라 한다)의 이사 겸 이사장 甲에 대한 임원취임승인을 취소하는 처분을 하였고, 이에 甲은 Z의 'A학원' 임원취임승인취소처분 취소소송을 제기하였는데, 당해 취소소송에서 이사장직무대행자가 'A학원'의 이름으로 피고를 돕기 위하여 참가할 수 있는지 검토하시오. (또는 당해 취소소송에서 'A학원'의 구제방법을 검토하시오.

사건 대법원 2011두1214 [불이익처분원상회복등요구재결취소]

① 경기도선거관리위원회 소속 공무원 甲은 2008. 3. 31. 국민권익위원회에 부패신고를 한 사실
② 중앙선거관리위원회는 '甲이 방송 인터뷰를 통하여 허위의 내용을 진술하였고 그 인터뷰 내용이 누스에 보도되었다'는 이유로 甲에 대한 징계의결을 경기도선거관리위원회에 통보한 사실
③ 경기도선거관리위원회는 2008. 7. 2. 甲에 대한 이 사건 정계요구를 한 사실
④ 국민권익위원회는 甲의 소속기관의 장인 Z에게 '甲에 대한 이 사건 정계요구를 취소하고, 향후 신고로 인한 신분상 불이익처분 및 근무조건상의 차별을 하지 말 것을 요구하는 내용의 조치요구
Z의 제기한 조치요구취소소송에서 甲의 구제수단을 검토하시오.

사건 대법원 2012두19496,19502 [이사선임처분취소]

피고 교육부장관은 학교법인 상지학원의 이사로 A, B, C를 각 선임하였고, 원고 상지대학교 교수협의회(이하 '甲'이라 한다), 원고 전국대학노동조합·상지대학교지부(이하 'Z'이라 한다), 원고 상지대학교 총학생회(이하 '丙'이라 한다)는 이 사건 이사선임처분의 취소를 구하는 소송을 제기하였다.
당해 취소소송에서 A, B, C의 구제수단을 검토하시오.

사건 대법원 2006두6642 [요양급여비용환수처분 무효] (무효확인소송 제38조①, 제17조 병기)

국민건강보험공단은 건강보험심사평가원의 이사 甲에 대한 요양급여비용 적정성평가자료를 바탕으로 甲에게 요양급여비용 수치분을 하였다. 이에 甲은 국민건강보험공단이 상대로 요양급여비용환수처분 무효확인소송을 제기하였다. 위 소송에서 건강보험심사평가원이 국민건강보험공단을 도움 수 있는 소송상 수단을 검토하시오.

사건 대법원 2015다34444 [법무사사무원채용승인거부취소] ※ 원고 측 참가, 직권수행의 자유

법무사 甲은 Z과 근로계약을 체결한 후 서울지방법무사회(A)에 사무원채용승인신청을 하였으나 A는 거부하였고, 이에 Z이 기부처분에 대하여 취소소송을 제기하였다. 당해 취소소송에서 Z을 사무원으로 채용하려 하는 법무사 甲의 소송수단을 검토하시오.

사건 대법원 2002두11073 [임원취임승인취소처분취소]

교육인적자원부장관 Z은 학교법인 한국그리스도의 교회학원(이하 'A학원'이라 한다)의 이사 겸 이사장 甲에 대한 임원취임승인을 취소하는 처분을 하였다. 이에 甲은 Z의 임원취임승인취소처분 취소소송을 제기하였고 당해 이사장판결이 확정되어 이사장으로 복귀하였다. 이 경우 'A학원'이 甲의 이사장 지위에서 배제하기 위한 행정소송상 구제수단을 검토하시오.

행정쟁송법 쟁점리마인드

민사소송법

제216조(기판력의 객관적 범위) ① 확정판결은 주문에 포함된 것에 한하여 기판력을 가진다.

제218조(기판력의 주관적 범위) ① 확정판결은 당사자, 변론을 종결한 뒤의 승계인 또는 그를 위하여 청구의 목적물을 소지한 사람에 대하여 효력이 미친다.

행정소송법

재4조(항고소송) 항고소송은 다음과 같이 구분한다.
1. 취소소송 : 행정청의 위법한 처분 등을 취소 또는 변경하는 소송

국가배상법

제2조(배상책임) ① 국가나 지방자치단체는 공무원이 직무를 집행(처분)하면서 고의 또는 과실로 법령을 위반(위법)하여 타인에게 손해를 입힌 때에는 그 손해를 배상하여야 한다.

취소소송의 소송물

1 문제의 소재
소송물이란 소송상 분쟁의 대상물, 소송물의 범위확정에 따라 기판력의 범위 등이 달라짐.

2 학설
① 처분의 위법성 일반이 소송물이고, 개개 위법사유에 관한 주장은 단순한 공격방어방법에 불과
② 개개 위법사유로 보는 입장
③ 위법한 처분으로 자신의 권리가 침해되었다는 원고의 주장

3 판례
과세처분 취소소송의 소송물은 그 취소원인이 되는 위법성 일반

4 검토
행정소송법은 처분의 위법여부만을 본안심리의 대상으로 규정하고 있고(법 제4조제1호), 분쟁의 일회적 해결요청의 필요성에 비추어 취소소송의 소송물은 처분의 위법성 일반으로 보는 것이 타당하다. 이에 따르면 취소소송의 판결의 기판력은 처분의 위법 또는 적법임에 대하여 미친다.

취소소송의 소송물

1 취소소송의 의의

2 의의
행정소송법에 명문규정 X, 모든 확정판결에 인정

3 취지 및 내용
반복금지, 모순금지

4 기판력의 범위

1) 주관적 범위
소송의 당사자, 당사자와 동일시할 수 있는 승계인 및 보조참가인에게만 미치고, 소송에 관여하지 않은 제3자에게는 미치지 않는다. 소송수행의 편에상 처분행정청을 피고로 하는 것 뿐이므로 피고 행정청이 속하는 국가나 공공단체에도 미친다.

2) 객관적 범위(주문)
판결의 주문에 포함된 것, 판결이유에 설시된 그 전제가 되는 법률관계의 존부에까지 미치지 않음. 인용판결·사정판결 경우 처분의 위법, 기각판결은 처분의 적법

3) 시간적 범위(사실심변론종결시)
사실심변론종결시까지 제출할 수 있었던 공격방어방법을 가지고 다시 소재기할 수 없음.

취소소송 확정판결이 기판력이 국가배상청구소송에 미치는지

1 문제의 소재
취소소송의 위법은 처분의 위법, 국가배상의 위법의 개념이 문제

2 학설
① 결과불법설
② 상대적 위법성설
③ 협의 행위위법설   (무제한 기판력긍정성)
④ 광의 행위위법설   (제한적 기판력긍정성)
   (무제한 기판력부정성)
   (무제한 기판력부정성)

3 판례
행정처분이 항고소송에서 취소되었더라도 그 기판력에 의하여 공무원의 고의 또는 과실을 단정할 수는 없는 것이고, 재판적 정당성을 상실하였었는지 여부는 피침해이익의 종류 및 성질 및 손해의 정도 등 제반 사정을 종합하여 판단

4 검토(선택)
협의 행위위법성설(법원서 통일) or 광의 행위위법성설 (국민에게 유리)

출제 가능 설문

사건 대법원 95누1880 [이자소득세등부과처분무효확인]

효제재무서장은 甲에게 이자소득세등부과처분을 하였고 이에 甲은 제1심을 거쳐 서울고등법원에 84구395호로 이자소득세 부과처분취소 청구의 소를 제기하여 1986. 8. 14. 청구기각판결을 받고 이에 대하여 대법원이 상고하였으나 1987. 4. 28. 상고기각판결을 선고받음으로서 위 판결이 확정되었다. 이에 甲은 다시 그 절차상의 위법, 헌법위반여부를 운운한 위법 등이 사유들 들어 이 사건 처분에 대하여 무효확인소송을 제기하였다. 법원은 본안판결을 선고할 수 있는가?

사건 대법원 98다10854 [부당이득금반환]

甲이 제주특별도지사를 피고로 하여 제기한 중합토지세 등 과세처분 취소청구를 기각한 판결이 확정되었다. 그 후 甲은 동 사건에 제주특별자치도를 피고로 부당이득반환청구소송을 제기할 수 있는가?

사건 대법원 2001다65236 [손해배상(기)]

재정경제부장관은 1998. 3.경 제33회 공인회계사시험 제1차 공인회계사시험을 실시하기 위하여 시험위원회를 설치하고, 당시 증권감독원장은 시험위원회 위원장으로서 1998. 3. 23. 1998년도 제1차 공인회계사 시험위원회를 개최하여 시험문제의 출제 및 시험방법에 관하여 심의·의결하였고, 甲은 1998. 3. 29. 동 시험에 응시하였으나 불합격처분을 받았다. 그 후 甲은 동 시험의 경제학 관련 출제 및 채점에 오류가 있다는 이유로 재정경제부장관을 상대로 불합격처분취소를 구하는 행정소송을 제기하여 승소한 후 동 판결은 대법원에서 확정되었다. 그 후 甲은 대한민국을 피고로 국가배상청구소송을 제기하였는바, 甲은 청구는 인용될 수 있는가? (관련 공무원에 고의, 과실은 없음)

사건 대법원 2000다12679 [손해배상(기)] ※ 조리상 임용신청권 인정

A사립대학에 공립대학으로 변경에 따라 교수·부교수의 임용권을 가지게 된 甲이 교육부장관 앞 지방자치단체장이 임용제청한 기존 사립대학의 교수·부교수를 모두 공립대학의 교수·부교수로 임용하였으나, 임용제청에 앞서 이루어진 지방자치단체장의 임용심사가 합리적이고 재량적이지 못하여 기존 사립대학의 교수 乙의 임용제청대상에서 누락되어 교육부장관 甲에 대하여 임용제외처분을 하였다. 이에 乙은 甲을 상대로 임용제외처분 취소소송을 제기하였고, 승소판결이 확정되었다. 그 후 乙은 대한민국을 피고로 국가배상청구소송을 제기하였는바, 甲은 청구도 인용될 수 있는가?

사건 대판 2021두38635 [국가유공자 자녀 비해당결정 취소]

서울가정법원은 국가유공자 甲이 乙을 상대로 제기한 친생자관계존재확인청구 사건에서 '甲과 乙사이에 친생자관계가 없음을 확인한다.'라는 심판을 선고하였고, 위 심판은 확정되었다. 이에 따라 행정청은 乙에 대하여 '국가유공자녀 비해당당결정처분을 하였고 乙은 동 처분에 대하여 취소소송을 제기하였다. 이 경우 수소법원은 인용판결을 선고할 수 있는가?

7

행정쟁송법 정리리마인드

제2조(정의) ② 이 법을 적용함에 있어서 행정청에는 법령에 의하여 행정권한의 위임 또는 위탁을 받은 행정기관, 공공단체 및 그 기관 또는 사인이 포함된다.

제13조(피고적격) ① 취소소송은 다른 법률에 특별한 규정이 없는 한 그 처분 등을 행한 행정청을 피고로 한다. 다만, 처분 등이 있은 뒤에 그 처분 등에 관계되는 권한이 다른 행정청에 승계된 때에는 이를 승계한 행정청을 피고로 한다.
② 제1항의 규정에 의한 행정청이 없게 된 때에는 그 처분 등에 관한 사무가 귀속되는 국가 또는 공공단체를 피고로 한다.

제14조(피고경정) ① 원고가 피고를 잘못 지정한 때에는 법원은 원고의 신청에 의하여 결정으로써 피고의 경정을 허가할 수 있다.
② 법원은 제1항의 규정에 의한 결정의 정본을 새로운 피고에게 송달하여야 한다.
③ 제1항의 규정에 의한 신청을 각하하는 결정에 대하여는 즉시항고할 수 있다.
④ 제1항의 규정에 의한 결정이 있은 때에는 새로운 피고에 대한 소송은 처음에 소를 제기한 때에 제기된 것으로 본다.
⑤ 제1항의 규정에 의한 결정이 있은 때에는 종전의 피고에 대한 소송은 취하된 것으로 본다.

피고적격(기본서 P.38)

1 서설
당사자능력 vs 피고적격 소송요건 직권조사 각하판결

2 처분청
1) 개념
   논리 행정주체 소송편의상 행정청
2) 종류
   독임제, 합의제 행정청(예외 중노위 위원장)

3 처분청의 예외
1) 승계청(판례 : 주소 이전)
2) 국가 등 행정주체
3) 소속 장관

4 구체적 검토(위임, 대리, 지방, 심판, 사인)
1) 위임 내지 위탁 : 수임청
2) 내부위임, 대리 : 원칙 위임청, 피대리청
   예외 수임청, 대리청
   대리청 명의 but 피대리청(근로복지공단)
3) 지방의회
4) 행정심판위원회
5) 공무수탁사인

5 결어(석명의무)

피고적격(사례)

1 논점의 정리
권한대행

2 피고적격이 있는 자
1. 원칙
2. 권한대행의 경우
   1) 위임
   2) 내부위임
   3) 대리
3. 사안의 경우

3 피고경정
1. 의의 및 취지
2. 요건
   1) 사실심 변론종결전
   2) 피고의 동의 유무
3. 절차 및 불복
4. 효과
5. 법원의 석명의무

4 사안의 해결

피고경정(학습)

1 의의 및 취지
원고보호, 소송경제

2 구체적 유형
1) 원고가 피고를 잘못 지정
2) 권한승계 등
3) 소의 변경

3 요건
1) 사실심 변론종결
   판례 1심 단계로 제한 ×
2) 피고의 동의 유무
   민사소송 필요, 취소소송 불요

4 절차 및 불복

5 효과

6 법원의 석명의무
석명없이 소각하한 판결은 위법

7 결어

출제 가능 설문	메 모
사건 대법원 2005누4 [산재보험료부과처분취소] 근로복지공단의 이사장으로부터 보험료의 부과·고지 등에 관한 대리권을 수여받은 서울지역본부장 甲이 대리의 취지를 명시적으로 표시하지 않고 근로자 乙에게 산재보험료 부과처분을 하였는데 이러한 관행은 10년 이상 지속되었고 乙도 지역본부장이 대리하다고 있다는 사실 알고 있었다. 이에 乙은 근로복지공단을 피고로 부과처분취소소송을 제기하였다. 그런데 소송 계속 중 乙은 피고를 근로복지공단에서 甲으로 경정해달라는 신청을 하였고 법원은 이를 허가하였다. 법원의 허가결정은 적법한가? **사건**	1. 논점의 정리 2. 피고적격 원칙 제13조 ① 3. 권한대행의 경우 1) 위임 2) 내부위임 3) 대리 4. 사안의 해결 : 피고경정 오인 위법한 결정
사건 대법원 2013두2518 [서훈취소처분무효](제38조①, 제14조 병기) 국무회의에서 전국중앙 독립장 수여된 망인에 대한 서훈취소를 의결하고 대통령이 결재함으로써 서훈취소가 결정된 후 국가보훈처장이 망인의 유족 丙에게 '독립유공자 서훈취소결정 통보'를 하자 丙은 국가보훈처장을 상대로 서훈취소결정이 무효확인의 소를 제기하였다. 국가보훈처장은 피고적격이 있는가? 만약 없다면 丙의 소송상 구제수단을 검토하시오.	
사건 대법원 95누8003 [두밀분교폐지조례무효](제38조①, 제14조 병기) 경기 가평군이하는 가평읍에 소재하는 상세초등학교 두밀분교의 학생수가 2명이 되자 두밀분교를 폐지하는 내용의 조례를 제정하고 교육감이 공포하였다. 이에 학부모 甲이 가평군이하를 피고로 두밀분교폐지조례무효확인의소를 제기한 경우에 甲의 소제기는 적법한가? (대상적격, 피고적격만 검토하시오) 만약 부적법하다면 甲의 소송계속 중 구제수단을 검토하시오.	
사건 대법원 2012두 22904 (기본서 P.34) 근로복지공단은 甲저장지단체에 대하여 고용보험료를 부과·고지하는 처분을 한 후, 국민건강보험공단이 '고용보험법' 제4조에 따라 종전의 근로복지공단이 수행하던 보험료의 고지 및 수납 등의 업무를 수행하게 되었고, 동 법 부칙 시행 전에 종전의 규정에 따른 근로복지공단의 행위는 국민건강보험공단의 행위로 본다'고 규정하고 있다. 甲은 근로복지공단을 상대로 보험료부과처분취소의소를 제기하였다. 근로복지공단은 피고적격이 있는가? 만약 없다면 甲의 취소소송 계속 중 구제수단을 검토하시오.	1. 논점의 정리 2. 피고적격 1) 원칙 제13조 ① 2) 승계청 제13조 ① 단서 3) 사안의 경우 3. 피고경정 4. 사안의 해결

행정쟁송법 쟁점리마인드

제2조(정의) ① 이 법에서 사용하는 용어의 정의는 다음과 같다.
1. "처분 등"이라 함은 행정청이 행하는 구체적 사실에 관하여 법집행으로서의 공권력의 행사 또는 그 거부와 그 밖에 이에 준하는 행정작용(이하 "처분"이라 한다) 및 행정심판에 대한 재결을 말한다.
2. "부작위"라 함은 행정청이 당사자의 신청에 대하여 상당한 기간 내에 일정한 처분을 하여야 할 법률상 의무가 있음에도 불구하고 이를 하지 아니하는 것을 말한다.

제19조(취소소송의 대상) 취소소송은 처분 등을 대상으로 한다. 다만, 재결취소소송의 경우에는 재결 자체에 위법이 있음을 이유로 하는 경우에 한한다.

그 밖에 이에 준하는 행정작용

1 처분성 인정요건

2 강학상 행정행위와 처분의 관계
1) 문제의 소재
   행정소송법 제2조제1항제1호의 '그 밖에 이에 준하는 행정작용'의 개념
2) 학설
   ① 일원설(실체법적 개념설)
      강학상 행정행위와 처분의 개념을 동일하고 처분적 법규, 일반처분, 권력적 사실행위는 수인의무를 발생시키는 범위에서 처분성이 인정된다는 입장.
   ② 이원설(쟁송법적 개념설)
      항고소송의 권리구제기능을 강조하여 처분개념이 강학상 행정행위 개념보다 넓다는 입장. 비권력적 사실행위(행정지도)라도 현실적 필요성이 있는 경우에는 포함함.
3) 판례
   원칙적으로 행정청의 공법상 행위로서 특정 사항에 대하여 국민의 권리 의무에 직접 영향을 미치는 행위. 최근 행정구제에 의한 '불문경고조치', '건축물상 착공속 신고에 대한 반려', '명단공표', '세무조사결정', '감액불이행', '처분성 인정범위 확대. BUT 행정지도도 주류거래중단요청 처분성 부인
4) 검토
   국민의 권리구제의 현실적 필요성, '그 밖에 이에 준하는 작용', '예측하지 못한 새로운 처분' 의 등장을 고려, 쟁송법적 개념설 타당

3 처분성 인정 판단방법
※ 행정구제에 근거한 행위의 처분성 유무(불문경고조치), 검사 경고조치)

4 처분성 유무 관련 판례
1) 처분성 인정한 사건
   국가인권위원회의 성희롱결정, 금융감독원장의 문책경고, BK21 사업협약 해지 등
2) 처분성 부정한 사건
   군의관의 신체등위판정, 운전면허벌점 배점, 검사의 기소, 불기소 등

거부처분

1 거부행위가 처분이 되기 위하여 상대방의 신청권이 필요한지
1) 문제
   거부는 상대방의 신청에 대한 소극적 행위
2) 학설(부작위 동일)
   ① 입효적격설   ② 대상적격설: 신청권이 필요   ③ 본안문제설
3) 판례
   ① 신청의 대상이 행위가 권력적의 행사 또는 이해
   ② 신청인에게 그 행위발동을 요구할 수 있는 법규상 조리상 신청권이 있어야 함
   ③ 그 거부행위가 신청인의 법률관계에 어떤 변동을 일으키는 것
4) 검토
   거부 처분으로서 상대방의 권리나 의무에 영향을 미치려면 법규상 조리상 신청권이 있어야 함.

2 신청권 유무의 판단기준 및 내용
대법원은 신청권의 존부는 구체적 사건에서 신청인이 누구인가를 고려하지 않고 일반 국민에게 그러한 신청을 인정하고 있는지를 추상적으로 결정하는 것이고, 신청이 그 신청의 인용이라는 만족적 결과를 얻을 권리를 의미하는 것이 아니라고 판시하였다.

3 조리상 신청권 인정(행정개입청구권 or 무하자재량행사청구권)

4 조리상 신청권 관련 판례
1) 조리상 신청권을 인정
   유일한 면접심사대상자에 대한 교원신규채용업무 중단사건, 건축계획심의신청사건, 주민등록전입신청사건 등
2) 조리상 신청권을 부정
   제3자 소유의 건물에 대한 철거신청, 근로복지공단에 대한 사업주변경신청 등

출제 가능 설문

사 진 대법원 94누2190 [자동차운전면허행정처분취소] [유사 : 군의관의 신체등위판정]

관악경찰서장은 甲이 도로교통법위반행위 있음을 전제로 그 판단 하에 운전면허 행정처분의 대상성이 있음을 전제하여 벌점 90점을 배점하였다. 관악경찰서장의 벌점배점은 처분성이 인정되는가?

사 진 대법원 2015두60617 [폐업처분무효확인등]

경상남도지사 甲은 2013. 2. 26. 기자회견을 열어'진주의료원 폐업에 즈음하여 드리는 여러분께 드리는 말씀'이라는 제목으로 진주의료원을 폐업하겠다는 결정(이하'폐업결정'이라 한다)을 발표하고, 지방기술인력의 경주의료원 기획관리실장 겸 원장직무대행으로 파견하는 인사명령을 하였고, 乙은 기존 의료업에 대하여 근무명령을 해지하는 한편, 진주의료원 입원환자들이나 보호자들을 접촉하도록 종용하고, 일부 환자를 다른 요양기관으로 옮기도록 하여 입원환자들을 내보내고, 퇴원·전원을 거부하는 입원환자들에 대해서는 보건소 공중보건의 2명을 파견만 진료하도록 하고, 2013. 5. 29. 진주의료원을 폐업한 다음, 진주직원 노조는 甲의 폐업결정의 노조를 제기하였다. 이에 진주의료원 노조는 甲의 폐업결정에 대하여 취소소송을 제기하였다. (대상적격 검토)

취소소송은 적법한가?

사 진 대법원 2018두49130 [명단공표취소]

甲은 '옆으와'이 중인 신도로서 현역 입영 대상 또는 소집 통지를 받고도 병역법 제88조에서 정한 기간 이내에 입영하지 아니하였다. 병무청장 乙은 일정 공개대상자로 선정하고 甲으로부터 소명서 등을 제출받은 다음, 위원회의 심의를 거쳐 2016. 12. 20. 甲의 인적사항 등을 병무청 인터넷 홈페이지에 개시(이하 '명단공표'라 한다)하였다. 甲이 명단공표취소소송을 제기한 경우에 대상적격이 인정되는가?

사 진 대법원 2013두2945 [주민등록번호변경거부취소]

甲은 인터넷 포털사이트 등의 개인정보 등이 유출되어 자신들의 주민등록번호 등 개인정보가 불법 유출되자 이를 이유로 관할 구청장 乙에게 주민등록번호를 변경해 줄 것을 신청하였으나 구청장 乙은 주민등록번호 불법유출이 경우에도 주민등록법상 변경제도가 존재하지 않으므로 甲의 신청을 거부하였다. 이에 甲은 乙을 피고로 거부처분취소소송을 제기하였는바 대상적격이 인정되는가?

사 진 대법원 2001두7053 [교원신규채용업무중단처분취소]

충남대학교 총장 甲은 자연과학대학 화학과의 교수로 분야에서 1명, 신진 및 중견대사 분야에서 1명의 교수를 각 초빙하였다는 등이 1999학년도 전반기 교수초빙공고를 하였고, 乙을 비롯한 29명이 생화학과의 교수로 분야에 지원하였으며, 1단계 자격심사 및 2단계 전공적격심사를 거쳐서 29명의 지원자 중에서 원고를 포함한 5명이 적격자로 선정되었고, 다시 3단계 연구실적심사 및 4단계 공개강의심사를 거친 결과, 乙이 유일한 면접심사 대상자로 결정되어 마지막 5단계인 면접심사만을 남겨 두고 있던 중, 생화학과의 교원신규채용업무를 중단하기로 하는 이 사건 중단조치를 하였다. 이에 乙은 甲을 피고로 중단조치(거부취소소송)을 제기하였는바 대상적격이 충족되었는가?

사 진 대법원 2015두47492 [승진임용제외처분취소]

교육공무원법 및 동법 임용(시행)령에 따르면 승진후보자는 3배수의 범위 안에 들어간 후보자들을 임용권자는 임용대상으로 승진용 여부를 심사하여야 하는 데 임용권자 甲은 자의적인 이유로 승진후보자 명부에 포함된 후보자 乙을 승진임용에서 제외하는 처분을 하였다. 이에 乙이 甲의 승진임용제외처분에 대하여 취소소송을 제기한 경우 대상적격이 인정되는가?

사 진 대법원 2014두41190 [건축허가철회신청거부취소]

토지소유자 甲은 乙에 토지인대차관련서류를 구비하여 관할 행정청으로부터 건축허가를 받았는데 甲에게 지급하기로 한 자금을 지급하지 않자 甲은 임대차계약을 해지하였다. 乙에 대한 건축허가를 철회할 것을 신청하였는데 행정청은 거부하였다. 甲의 행정청이 건축허가를 철회할 것을 신청하였는데 행정청은 거부하였다. 甲의 행정청의 거부행위는 처분인가?

사 진 대법원 2012두28704 판결 [2단계(BK)21사업처분취소]

재단법인 한국연구재단이 甲 대학교 총장에게 연구개발비의 부당집행을 이유로 '해양·생물부대 교부가신품, 향장, 한약 기초소재 개발 인력양성사업'에 대한 2단계 두뇌한국(BK)21 사업 협약을 해지하고 연구팀장 乙에 대한 대학자체 정계 요구 등을 통보한 경우 위 통보는 처분인가?

11

행정쟁송법 쟁점리마인드

제19조(취소소송의 대상) 취소소송은 처분 등을 대상으로 한다. 다만, 재결취소소송의 경우에는 재결 자체에 고유한 위법이 있음을 이유로 하는 경우에 한한다.

1 재결의 의의

재결이란 행정심판의 청구에 대해 행정심판위원회가 행하는 판단과 같은 행정심판에 의한 재결 및 토지수용위원회의 이의재결과 같은 개별법상의 재결도 포함된다.

2 원처분주의와 재결주의

원처분주의란 원처분과 재결을 모두 소송대상으로 하되, 원처분의 위법은 원처분에 대해서만 소송을 제기, 재결 자체에 고유한 위법에 대해서만 있는 경우에만 재결에 한해 소송을 제기, 하고 원처분이 위법에 대해서만 취소소송을 제기할 수 있게 하고 별도로 재결취소소송에서 주장할 수 있도록 한 것

3 행정소송법은 원처분주의 채택

4 재결 자체에 고유한 위법

대법원은 '재결 자체에 고유한 위법'이란 원처분에는 없고 재결에만 있는 재결청의 권한 또는 구성의 위법, 재결의 절차나 형식의 위법, 내용의 위법 등을 뜻하고, 그 중 내용의 위법에는 위법·부당하게 인용재결을 한 경우도 포함한다.

5 행정심판의 공통적인 재결의 경우 소송의 대상

1) 각하재결
심판의 본안심리 받을 권리 침해
재결을 대상으로 취소소송 제기 가능.

2) 기각재결
원처분 대상으로 취소소송 제기. 다만, 위법 또는 부당한 사정재결은 기능.(⇒ 2021년 기출)

6 제3자효 행정행위에 재결주의 경우 ⇒ (2017 약술 : 재결취소소송의 경우 ⇒ 2014 사례)

1) 문제
취소재결을 원처분으로 이해할지, 재결로 이해할지가 문제된다.

2) 학설
재결취소소송이라는 견해와 취소재결은 제3자에게는 원처분 보이라는 견해

3) 판례
제3자효를 수반하는 행정행위에 대한 행정심판청구에 있어서 그 청구를 인용하는 내용의 재결로 인하여 비로소 권리이익을 침해받게 되는 자는 그 인용재결에 대하여 다툴 필요가 있고, 그 인용재결은 원처분과 내용을 달리하는 것이므로 그 인용재결의 취소를 구하는 것은 원처분에는 없고 재결에 고유한 하자를 주장하는 셈이어서 당연히 항고소송의 대상이 된다.

4) 검토
제3자효 행정행위는 수익적 처분의 상대방과 제3자에게 원처분에 해당하고 수익적 처분의 상대방은 취소재결을 비로소 권리가 발생하는 것이므로 재결취소소송으로 보는 것이 타당하다.

7 개별법상 재결주의를 채택하고 있는 경우

1) 중앙노동위원회의 재심판정(⇒ 2012 약술, 2016 사례)
2) 감사원의 재심의판정(회계관계공무원)
3) 특허심판원의 심결

I 부당해고 등에 대한 구제절차(재결주의)

I 지방노동위원회의 처분

II 중앙노동위원회의 재심

III 행정소송의 특징

1. 절차
2. 특징
   1) 재결주의
   2) 피고적격의 특칙
   3) 제소기간의 특칙
   4) 필수적 전심절차로서 재심

IV 부당해고구제명령 소의 이익(⇒ 2022 사례)

I 교원에 대한 징계(원처분주의)

I 국공립학교 교원(교육공무원)
필요적 소청심사전치

II 사립학교 교원 민사소송
교원소청심사위원회 구제신청 - 기각(원처분)

출제 가능 설문

사 례 2014년 기출 사례

A회사의 근로자 甲은 노동조합을 설립하고자 「노동조합 및 노동관계조정법」제10조에 따라 설립신고를 하였으나, 甲이 설립하려는 노동조합은 경비의 주된 부분을 사용자로부터 원조받는 조직으로, 동법 제2조제4호에 의해 노동조합으로 보지 아니하는 것이다. 그럼에도 불구하고 관할 행정청은 甲의 조합설립신고를 수리하였고, 이에 A회사는 甲의 조합은 무자격조합임을 이유로 신고수리에 대한 취소심판을 제기하였다.

만약 A회사의 취소심판이 인용되어 취소재결이 행해진다면, 甲은 이러한 인용재결에 대해 취소소송으로 다툴 수 있는가?

사 례 2021년 기출 사례

X시장의 환지예정지지정처분(이하 '이 사건 처분'이라 함)으로 불이익을 입은 甲은 이 사건 처분이 위법하다는 이유로 취소심판을 청구하였고 행정심판위원회는 처분의 위법을 인정하였다. 다만 행정심판위원회는 이 사건 처분이 취소될 경우 다수의 이해관계인에 대한 환지예정지지정처분까지도 변경됨으로써 기존의 사실관계가 뒤집어지고 새로운 사실관계가 형성되는 혼란이 발생될 수 있다는 이유로 이 사건 처분을 취소하는 것이 공공복리에 인정하다고 인정하여 위 심판청구를 기각하는 재결을 하였다. 甲이 이에 불복하여 취소소송을 제기할 경우 그 대상에 대하여 설명하시오.

사 례

甲은 국민건강보험공단에 임시하여 노원지사에서 일반판리직 5급)으로 근무하면서 사회보험노동조합(이하 '사보노조'라 고 한다)의 중앙위원 및 여성위원으로 활동하던 공무원신분이 없는 일반 근로자이다. 공단은 甲이 공단의 前 이사장 흥길 등에 대한 명예훼손 및 그룹 모욕하는 내용의 글을 작성, 게시하여 공단의 인사규정 제38조 제1항(성실근무의무), 제48조(품위 손상행위금지)을 위반하였다는 이유로 2005. 1. 24. 중앙인사위원회의 의결을 거쳐 같은 달 26. 같은 인사규정 제89조 제2항 제3호에 의하여 甲을 직위해제하였는데 공단의 인사규정에 따르면 직위해제기간은 승진소요연수에 산입되지 않는다. 이후 공단은 甲을 해고하였다.

甲이 공단의 직위해제처분에 대하여 취소소송을 제기하기 위한 요건(관련판례 포함)을 검토하시오.

행정쟁송법 쟁점리마인드

행정심판법

제43조(재결의 구분) ③ 위원회는 취소심판의 청구가 이유가 있다고 인정하면 처분을 취소 또는 다른 처분으로 변경하거나 처분을 다른 처분으로 변경할 것을 피청구인에게 명한다.
⑤ 위원회는 의무이행심판의 청구가 이유가 있다고 인정하면 지체 없이 신청에 따른 처분을 하거나 처분을 할 것을 피청구인에게 명한다.

제47조(재결의 범위) ② 위원회는 심판청구의 대상이 되는 처분보다 청구인에게 불리한 재결을 하지 못한다.

원처분 후 직권 증액 또는 감액이 있는 경우 (← 2017 사례)

1 **문제**: 심판청구 및 취소소송의 제소기간의 기산점이 달라짐

2 **학설**: ① 병존설 ② 흡수설 ③ 역흡수설

3 **판례**: 증가처분(흡수), 감액처분(역흡수)
원처분의 내용을 소극 변경(병존) - 대행마트사건

4 **검토**: 판례의 입장이 타당. 따라서 심판청구나 제소기간은 증액처분시부터 감액처분의 경우에는 감액되고 남은 원처분을 기준으로 기산. 병존하는 경우 각각 진행

취소심판의 일부인용재결 및 변경재결 (← 2020 사례) 변경명령재결

1 학설
변경된 원처분설 vs 변경재결설

① 변경된 원처분설
② 변경명령재결설: 변경재결은 변경재결의 기속력에 따른 부수적인 행위
③ 변경재결설: 구체적인 변경처분이 있어야 현실화

2 판례
징계혐의자에 대한 감봉 1월의 징계처분을 견책으로 변경한 소청결정 재결이의 일부취소나 변경을 구하는 소송결정을 다툼으로서 위법하다는 사유는 소청결정 자체에 고유한 위법을 주장하는 것으로 볼 수 없다(대판 93두56).

행정재결청을 한 후 그 처분을 영업자에게 유리하게 변경하는 이익처분을 한 경우, 변경처분에 의하여 당초 처분은 소멸하는 것이 아니고 당초부터 유리하게 변경된 내용의 처분으로 존속하는 것이므로, 제소기간의 준수 여부도 변경처분이 아닌 변경된 내용의 당초 처분을 기준으로 판단하여야 한다(대판 2004두9302).

3 검토(선택)
① 설: 변경재결은 유리
② 설:
③ 설: 새로운 종국적 처분

거부처분이나 부작위에 대한 의무이행심판의 인용재결의 경우

처분재결의 경우

1 원처분주의와 재결주의
2 원처분주의 채택
3 재결자체의 고유한 하자

대법원은 '재결 자체에 고유한 위법'이란 원처분에는 없고 재결에만 있는 재결청의 권한 또는 구성의 위법, 재결의 절차나 형식의 위법, 내용의 위법 등을 뜻하고, 그중 내용의 위법에는 위법·부당하게 인용재결을 한 경우도 포함된다.

4 검토
재결제은 행정청의 발생함에도 이로 인하여 침해를 받게 되는 제3자는 처분재결을 대상으로 취소소송을 제기

처분명령재결의 경우

1 학설
① 처분명령재결설
② 처분설
③ 선택가능설

2 판례
취소명령재결 취지에 따른 취소처분의 상대방은 이 취소명령재결 자체의 효력을 다투는 별소를 제기한 경우에도 취소처분의 취소를 구하는 항고소송 사건을 심리하는 법원도 그 청구의 당부를 판단할 수 있다(선택가능).

3 검토
국민의 권리구제의 실효성에 비추어 양자 모두 소송의 대상이 될 수 있다고 보는 것이 타당.

제소기간 기산점	* 제소기간의 기산점을 확정하는 경우 행정심판을 거친 경우이므로 재결서 정본을 송달받은 날로부터 90일 기산	* 처분명령재결서 송달 90일
	* 변경명령재결 논점의 경우에 변경처분을 소송의 대상으로 보게 되면 변경처분이 송달된 날로부터 90일	* 처분을 안 날로부터 90일

출제 가능 설문

사건 **대법원 2015두295 [영업시간제한등처분취소]**

동대문구청장은 2012. 11. 14. 롯데쇼핑 주식회사, 주식회사 에브리데이리테일, 주식회사 이마트에 대하여 그들이 운영하는 서울특별시 동대문구 내 대형마트 및 준대규모점포의 영업제한 시간을 오전 0시부터 오전 8시까지로 정하고(이하 '영업시간 제한 부분'이라 한다) 매월 둘째 주와 넷째 주 일요일을 의무휴업일로 지정하는(이하 '의무휴업일 지정 부분'이라 한다) 내용의 처분을 한 사실('2012. 11. 14.자 1차 처분'이라 한다), 이 처분의 취소를 구하는 소송이 이 사건 원심에 계속 중이던 2014. 8. 25. 동대문구청장은 다시 영업시간 제한 부분의 시간을 '오전 0시부터 오전 10시까지'로 변경하되, 의무휴업일은 종전과 동일하게 유지하는 내용의 처분(이하 '2014. 8. 25.자 처분'이라 한다)을 하였다. 이 경우 항고소송의 대상을 검토하시오.

사건 **대법원 93누5673 판결 [소청결정취소]**

강원도청 주택과장이던 甲은 1990. 3. 31. 동해시 천곡동 460의 3 외 4필지상에 동해프라자판매호텔을 신축하기 위하여 한 건축허가신청이 기계식주차장설치기준에 관한 규정 소정의 대규모주차장이 설계되어 있지 아니하였음에도 그대로 전 축허가를 하였고, 이에 강원도지사 乙은 징계위원회의 심의를 거쳐 1992. 1. 4. 甲에 대하여 감봉 1월의 징계처분을 하였다. 이에 甲은 소청을 제기하였고 소청심사위원회는 감봉 1월을 견책으로 변경하는 결정을 하였다. 항고소송의 대상 및 피고적격을 검토하시오.

사건 **대법원 2004두9302 [식품위생법위반과징금부과처분취소]**

전주시 완산구청장 甲은 2002. 12. 26. 乙에 대하여 3월의 영업정지처분을 하였고, 이에 대하여 乙이 행정심판청구를 하자 심판위원회는 2003. 3. 6. "甲이 2002. 12. 26. 乙에 대하여 한 3월의 영업정지처분을 2월의 영업정지에 갈음하는 과징금부과 처분으로 변경하라"는 일부인용의 이행재결을 하였고, 2003. 3. 10. 그 재결서 정본이 甲과 乙에게 도달하였다. 甲은 위 재결 취지에 따라 2003. 3. 13. "3월의 영업정지처분을 과징금 560만 원으로 변경한다"는 취지의 이 사건 후속 변경처분을 함으로써 이 사건 당초처분을 원고에게 유리하게 변경하는 처분을 하였다. 이에 乙이 취소소송을 제기하려는 경우 피고, 대상, 제소기간을 검토하시오.

사건 **[행정청의 직권경정]**

서울특별시 성북구에 소재하는 A택시회사는 노사 간에 임금협정을 체결함에 있어 운전기사의 합승행위 등으로 회사에 대하여 과징금이 부과되면 당해 운전기사에 대한 상계로 지급시 급여액에서 공제하기로 함으로써 과징금의 부담을 당해 운전기사 에게 전가하도록 규정하고 있다. 그런데 관할 행정청은 2019. 3. 1.에 A택시회사의 운전기사 甲의 합승행위를 이유로 A택시회사에 대하여 200만원의 과징금부과처분을 하였고, 3. 3.에 A에게 송달하였다.
1. A는 행정청에게 이의신청을 하여는데 행정청은 4. 1.에 A의 이의를 받아들여 과징금액수를 100만원으로 감축처분을 하였고 같은 날 송달되었다. 이 경우 취소소송의 대상, 피고적격, 제소기간의 기산점을 검토하시오.
1. 만약 A가 취소소송을 제기하여 소송 계속 중 행정청이 4. 1.에 과징금액수를 500만원으로 증액하는 처분을 하여 같은 날 송달되었다면 취소소송의 대상은 무엇이며, A가 취소소송에서 계속 다투려고 하는 경우 취할 수 있는 조치를 설명하시오.

행정쟁송법 쟁점리마인드

행정소송법

제20조(제소기간) ① 취소소송은 처분 등이 있음을 안 날부터 90일 이내에 제기하여야 한다. 다만, 제18조제1항 단서에 규정한 경우와 그 밖에 행정심판청구를 할 수 있는 경우 또는 행정청이 행정심판청구를 할 수 있다고 잘못 알린 경우에 행정심판청구가 있은 때의 기간은 재결서의 정본을 송달받은 날부터 기산한다.

② 취소소송은 처분 등이 있은 날부터 1년(제1항 단서의 경우는 재결이 있은 날부터 1년)을 경과하면 이를 제기하지 못한다. 다만, 정당한 사유가 있는 때에는 그러하지 아니하다.

③ 제1항의 규정에 의한 기간은 불변기간으로 한다.

제41조(제소기간) 당사자소송에 관하여 법령에 별도의 제소기간이 정하여져 있는 때에는 그 기간은 불변기간으로 한다.

행정심판법(→ 2015 사례: 불고지)

제27조(심판청구의 기간) ① 행정심판은 처분이 있음을 알게 된 날부터 90일 이내에 청구하여야 한다.

② 청구인이 천재지변, 전쟁, 사변, 그 밖에 불가항력으로 인하여 제1항에서 정한 기간에 심판청구를 할 수 없었을 때에는 그 사유가 소멸한 날부터 14일 이내에 행정심판을 청구할 수 있다. 다만, 국외에서 행정심판을 청구하는 경우에는 그 기간을 30일로 한다.

③ 행정심판은 처분이 있었던 날부터 180일이 지나면 청구하지 못한다. 다만, 정당한 사유가 있는 경우에는 그러하지 아니하다.

④ 제1항과 제2항의 기간은 불변기간으로 한다.

⑤ 행정청이 심판청구 기간을 제1항에 규정된 기간보다 긴 기간으로 잘못 알린 경우 그 잘못 알린 기간에 심판청구가 있으면 그 행정심판은 제1항에 규정된 기간에 청구된 것으로 본다.

⑥ 행정청이 심판청구 기간을 알리지 아니한 경우에는 제3항에 규정된 기간에 심판청구를 할 수 있다.

⑦ 제1항부터 제6항까지의 규정은 무효등확인심판청구와 부작위에 대한 의무이행심판청구에는 적용하지 아니한다.

1 행정심판을 거치지 않은 경우

1) '안 날'의 의미
① 처분이 있음을 안 날이란 현실적으로 안 날을 의미, 당사자가 알 수 있는 상태에 놓여진 때에는 반증이 없는 한 그 처분이 있음을 알았다고 추정
② 국세기본법상 이의신청 등에 대한 재조사결정에 따른 심사청구기간이나 심판청구기간 또는 행정소송의 제소기간은 이의신청인 등이 후속 처분의 통지를 받은 날부터 기산

2) '90일'의 성질(불변기간)

3) 구체적 검토
① 고시 또는 공고의 경우
- 일반처분: 현실적으로 알았는지 여부에 관계없이 고시가 효력을 발생하는 날에 안 날 → 고시에는 반증이 없는 한 그 처분이 있음을 알았다고 추정
- 특정인: 공고가 효력을 발생하는 날에 상대방이 그 행정처분이 있음을 알았다고 볼 수는 없음.
② 무효확인소송에 취소소송을 추가적으로 병합하는 경우(→ 2021년 기출)
무효확인소송이 취소소송의 적법한 제소기간 내에 제기됐다면 추가로 병합된 취소청구의 소도 적법하게 제기

③ 심판청구기간도과를 이유로 각하재결을 받은 후 취소소송을 제기
취소소송에 다시 제소기간을 준수한 것이 아님.

4) 처분이 있은 날부터 1년, 정당한 이유
'있은 날'은 놓여진 상태에 놓여진 때, 처분의 직접 상대방이 아닌 제3자

2 행정심판을 거친 경우
행정심판이나 취소소송을 제기하는 경우에는 재결서의 정본을 송달받은 날부터 90일

3 기타 항고소송의 제소기간

1) 무효등 확인소송
제소기간의 제한 없음. 다만, 무효선언적 의미의 취소소송은 취소소송에 해당하므로 제소기간의 제한이 있음. 제소기간 도과시 준수(취하판결)

2) 부작위위법확인소송
원칙적 부작위위법확인소송 제기 성질상 제소기간 적용 X
행정심판을 거친 경우에는 제소기간 내에 부작위위법확인의 소 제기

4 당사자소송
개별법령에 제소기간이 정해져 있는 때에는 그 기간은 불변기간
토지보상법상 보상금증감청구소송(형식적 당사자소송)

5 이의신청을 거친 경우
최근 제정된 행정기본법에 이의신청을 거친 후에는 그 이의신청에 대한 결과를 통보 받은 날로부터 90일 이내에 행정심판 또는 행정소송을 제기할 수 있다. 대법원은 국세부과처분에 대한 이의신청에 대하여 재조사결정이 있는 경우에는 재조사결정에 따른 후속처분이 있는 심판청구기간 또는 제소기간이 다시 진행된다고 판시하였다.

출제 가능 설문

사건
주식회사 甲은 약 80여 개의 의약품을 생산하고 그 생산품의 판매를 주요 목적으로 하는 회사로서, 이 사건 약제 중 2002년도 매출액이 30억 원 이상이나 되는 셀탑독스 제품(이하 '甲의 약제'라 한다)의 경우 2001. 1.경 첫 판매 이후 2002. 6.경까지 높은 판매신장세를 유지하고 있었는데, 보건복지부장관 乙은 국민건강보험법 및 법시행령 제24조제3항 위임에 따라 약제낱낱 요제요구금액에대한신청기준(이하 '이 사건 고시'라 하고 효력발생일은 2002. 12. 1.)을 제정하면서 '甲의 약제'에 대한 상한금액을 인하하였다.

乙은 '이 사건 고시'를 하면서 甲에게 별도로 통지하지 않았는데 甲은 '이 사건 고시'를 2003. 3. 1. 알게 되었다면 '이 사건 고시' 취소소송 제소기간의 기산점은 언제인가?

사건 2015년 기출 시례
甲은 2015. 1. 16. 주택신축을 위하여 개발행위허가를 신청하였다. 이에 관할 행정청 乙은 「국토의 계획 및 이용에 관한 법률」의 규정에 의하여 "해당 개발행위에 따른 기반시설이 설치되지 그 필요한 용지의 확보계획이 적정하지 않다."라는 사유로 2015. 1. 22.에 개발행위 불허가처분을 하였고, 그 다음날 甲은 그 사실을 알게 되었다. 그런데 乙은 위 불허가처분을 하면서 甲에게 그 처분에 대하여 행정심판을 청구할 수 있는지 여부와 행정심판을 청구하는 경우의 심판청구 절차 및 심판청구기간을 알리지 아니하였다. 甲은 위 개발행위 불허가처분에 불복하여 2015. 5. 7. 행정심판위원회에 취소심판을 청구하였다. 아울러 甲은 적법한 제소요건을 갖추어 취소소송을 제기하였다.

甲의 취소심판은 청구기간이 경과되었는가?

사건
甲은 바닥면적 합계 5,000㎡ 이상인 제조시설로서 건축법시행령제4항제5호조제4항체5호 가뭄에 의하여 위험화의 대상인 1.0미터점이 신축을 위하여 A도의 B시장에게 건축계획심의신청을 하였다. B시장은 먼지 시설이 남측 중앙으로 지하역 한단보로를 개설하고 도로협의 개설조건 등을 협의 후에 건축계획심의신청을 수리하였으나, 이에 응하지 아니하자 甲의 행정심판청구절차 및 심판청구기간을 반대처분의 반대처분을 이 반대처분 취소심판을 청구하였다.

甲의 위 행정심판제기는 적법한가? 만약 적법하지 않다면 중앙행정심판위원회는 이 심판제기를 어떻게 처리해야 하는가?

사건 2021년 기출
중기계를 생산하는 제조회사에 근무하는 甲은 근무 중 업무상 사고로 인하여 상해를 입었음을 이유로 근로복지공단으로부터 후유장해에 대한 급여의 등의 지급결정을 받았다. 그 후 근로복지공단은 甲이 실제 상해를 입지 않았음에도 甲이 허위로 지급신청서를 작성하여 급여지급결정을 받은 사실을 들어 甲에 대한 급여지급결정을 취소하였고, 甲의 급여지급결정의 취소처분을 2021. 1. 7. 직접 수령하였다. 이와 함께 근로복지공단은 이미 甲에게 지급된 급여에 해당하는 금액을 부당이득으로 징수하였다. 한편, 甲은 위 급여지급결정 취소처분에 위법함을 이유로 2021. 5. 7. 급여지급결정 취소처분의 취소를 구하는 소를 병합하여 제기하였다.

위 무효확인소송의 계속 중 甲은 추가적으로 급여지급결정 취소처분의 취소를 구하는 소를 병합하여 제기할 수 있는가?

행정심판고지

I 고지제도의 의의 및 기능(법제58조)

II 성질
비권력적 사실행위, 강행규정

III 고지의 종류
1. 직권에 의한 고지(법제58조제1항)
2. 청구에 의한 고지(법제58조제2항)

IV 고지의무위반의 효과
1. 불고지의 효과
2. 오고지의 효과
3. 심판청구지점
4. 필요적 심판전치주의 예외

V 고지 하자와 처분의 효력

VI 입법론

행정소송법

제18조(행정심판과의 관계)
① 취소소송은 법령의 규정에 의하여 당해 처분에 대한 행정심판을 제기할 수 있는 경우에도 이를 거치지 아니하고 제기할 수 있다. 다만, 다른 법률에 당해 처분에 대한 행정심판의 재결을 거치지 아니하면 취소소송을 제기할 수 없다는 구정이 있는 때에는 그러하지 아니하다.

② 제1항 단서의 경우에도 다음 각 호의 1에 해당하는 사유가 있는 때에는 행정심판의 재결을 거치지 아니하고 취소소송을 제기할 수 있다.
1. 행정심판청구가 있은 날로부터 60일이 지나도 재결이 없는 때
2. 처분의 집행 또는 절차의 속행으로 생길 중대한 손해를 예방하여야 할 긴급한 필요가 있는 때
3. 법령의 규정에 의한 행정심판기관이 의결 또는 재결을 하지 못할 사유가 있는 때
4. 그 밖의 정당한 사유가 있는 때

③ 제1항 단서의 경우에 다음 각 호의 1에 해당하는 사유가 있는 때에는 행정심판을 제기함이 없이 취소소송을 제기할 수 있다.
1. 동종사건에 관하여 이미 행정심판의 기각재결이 있은 때
2. 서로 내용상 관련되는 처분 또는 같은 목적을 위하여 단계적으로 진행되는 처분 중 어느 하나가 이미 행정심판의 재결을 거친 때
3. 행정청이 사실심의 변론종결 후 소송의 대상인 처분을 변경하여 당해 변경된 처분에 관하여 재결을 거칠 필요가 없게 된 때
4. 처분을 행한 행정청이 행정심판을 거칠 필요가 없다고 잘못 알린 때

1 원칙 : 임의적 행정심판전치주의

2 예외 : 필요적 행정심판전치주의

국세기본법상 국세청장의 심사청구 또는 조세심판원의 심판청구 중 하나, 청구, 공무원의 징계 등 불이익처분에 대한 소청심사, 운전면허 관련처분, 지방세

3 필요적 행정심판전치의 적용범위

1. 원칙
2. 제3자의 취소소송
3. 무효선언적 의미의 취소소송

① 학설
  ㉠ 소송행위의 취소소송이라면 행정소송법상 행정심판전치주의, 제소기간 등 취소소송의 소송요건을 갖추어야 한다고 보는 구정설과 ㉡ 무효선언을 구하는 의미의 취소소송의 실질은 무효확인소송에 해당하므로 행정심판전치주의가 적용되지 않는다는 부정설

② 판례
  행정처분의 당연무효를 선언하는 의미에서 그 취소를 구하는 행정소송을 제기하는 경우에는 전치절차와 그 제소기간의 준수 등 취소소송의 제소요건을 갖추어야 한다.

③ 검토
  처분의 위법여부는 물론 무효인지 취소의 대상인지는 법원의 심리가 끝나야 알 수 있는 것이므로 소송행위에 대해 취소소송의 소송요건인 취소소송요건을 갖출것을 요한다고 보는 것이 타당하다.

4 필요적 행정심판전치의 완화

5 필요적 행정심판전치주의 예외(제18조제2항, 제3항)

6 행정심판전치주의 충족여부에 대한 판단

1) 적법한 심판청구
   행정심판전치주의에 있어 행정심판이란 적법한 심판청구를 의미하므로 기간경과 등의 부적법한 심판청구를 하였더라도 행정심판위원회가 본안재결을 하였다면 행정심판전치의 요건을 충족하지 못한 것이고 반대로 적법한 행정심판을 청구하였는데 위원회가 부적법한 것으로 요건미비에 기하여 각하한 경우에는 요건을 충족한 것이다.

2) 직권조사 및 판단시점
   행정심판전치주의 요건은 사실심 변론종결시까지 충족시키면 되고 법원의 직권조사사항이다. 대법원도 소송계속 중 심판청구를 하여 기각결정을 받았다면 사실심 변론종결시에는 전치요건 흠결의 하자가 치유된다고 판시하였다.

출제 가능 설문

사건

A군의 주택담당 지방공무원으로 근무하던 甲은 신규아파트가 1동의 건물로 되어 있기 때문에 동별사용승인이 부적합임에도 불구하고 동별 사용승인을 하였다. 이에 A군의 인사위원회는 甲에게 경고할 것을 권고하는 의결을 하였고, 이에 따라 A군의 군수는 甲을 '불문경고' 처하였다. 한편 A군이 소속한 B道 도지사의 [B지방공무원인사기록및사가기록지침](이하 '지침'이라 한다)에는 불문경고에 관한 기록이 1년의 경과한 후에 말소되고 또한 불문경고를 받은 자는 각종 표창의 선정대상에서 1년간 제외하도록 규정하고 있다.
甲이 불문경고처분의 취소소송을 제기하는 경우 대상적격 및 심판전치주의에 관하여 설명하시오.

사건

공인노무사 甲은 외부화의를 마치고 퇴근하던 중 부모님이 입원해 계신 병원으로부터 전화가 걸려오자 걱정스러운 마음에 부득이하게 운전 중 휴대전화 통화를 하였는데, 때마침 단속 경찰관에게 적발되었고 이에 관할 행정청은 甲에게 벌점 15점을 부과하였다. 그 후 관할 행정청은 甲의 벌점 합계가 121점을 초과하였다는 것을 이유로 甲에게 운전면허취소처분을 하였다. 이 경우 甲이 운전면허취소처분에 대하여 항고소송을 제기하기 전에 거쳐야 하는 전심절차를 설명하시오.

행정쟁송법 쟁점리마인드

제12조(원고적격) 취소소송은 처분등의 취소를 구할 법률상 이익이 있는 자가 제기할 수 있다. 처분등의 효과가 기간의 경과, 처분등의 집행 그 밖의 사유로 인하여 소멸된 뒤에도 그 처분등의 취소로 인하여 회복되는 법률상 이익이 있는 자의 경우에는 포함한다.

제23조(집행정지) ② 취소소송이 제기된 경우에 처분등이나 그 집행 또는 절차의 속행으로 인하여 생길 회복하기 어려운 손해를 예방하기 위하여 긴급한 필요가 있다고 인정할 때에는 본안이 계속되고 있는 법원은 당사자의 신청 또는 직권에 의하여 처분등의 효력이나 그 집행 또는 절차의 속행의 전부 또는 일부의 정지(이하 "집행정지"라 한다)를 결정할 수 있다.
⑥ 제30조제1항의 규정은 제2항의 규정에 의한 집행정지의 결정에 이를 준용한다.

제8조(법적용예) ② 행정소송에 관하여 이 법에 특별한 규정이 없는 사항에 대하여는 법원조직법과 민사소송법 및 민사집행법의 규정을 준용한다.

제31조(임시처분)(← 2012 옥출) ① 위원회는 처분 또는 부작위가 위법·부당하다고 상당히 의심되는 경우로서 처분 또는 부작위나 부작위 때문에 당사자가 받을 우려가 있는 중대한 불이익이나 당사자에게 생길 급박한 위험을 막기 위하여 임시지위를 정하여야 할 필요가 있는 경우에는 직권으로 또는 당사자의 신청에 의하여 임시처분을 결정할 수 있다.
③ 제1항에 따른 임시처분은 제30조제2항에 따른 집행정지로 목적을 달성할 수 있는 경우에는 허용되지 아니한다.

행정심판법(← 2015 옥출 2018 사례)

소의 이익(← 2017, 2020 사례)

제2문은 회복되는 법률상 이익이라고 규정하고 있으므로 소의 이익

1 행정소송법 제12조제2문의 법률상 이익의 의미

2 회복되는 법률상 이익의 범위

1) 학설
 ① 법률상 이익설 : 제문, 제2문의 법률상 이익 등일. 취소소송
 ② 정당한 이익설 : 제2문의 의미를 넓게 이해, 명예, 신용 등 포함, 위법확인

2) 판례
 원칙 : 법률상 이익. 개, 구, 직 보호이익과 동일.
 최근 : 시행규칙 [별표] 제재적 처분기준
 즈음 소멸한 임시이사선임처분취소소송의 위법확인 소의 이익 인정

3) 검토 : 정당한 이익설

3 소의 이익 관련 판례

1) 소의 이익을 긍정한 사건
시행규칙 [별표] 제재기간이 경과한 경우, 이미 소멸한 임시이사 선임처분, 공무원이 파면처분 이후 당연퇴직

2) 소의 이익을 부정한 사건
불합격처분 이후 합격, 철거가 완료된 경우, 건축이 완료된 경우 등

거부처분에 대한 집행정지

1 문제의 소재
집행정지결정의 이익 유무

2 학설
 ① 긍정설 : 제23조⑥, 제30조① 준용 ○ 잠정적인 기속력 발생
 ② 부정설 : 제23조⑥, 제30조② 준용 ×
 ③ 예외적 긍정설

3 판례
대법원 : 불합격처분 집행정지이익 부정
허급심 : 한약사국가시험에서 원서를 반려한 거부처분에 대하여 집행정지결정 원고의 이익 인정

4 검토(선택)
부정설 VS 예외적 긍정설

민사집행법상 가처분 인정여부

1 문제의 소재
행정소송법 제8조제2항
민사집행법 제300조제2항의 가처분 준용여부

2 학설
 ① 부정설 : 열문규정 ×, 권력분립
 ② 긍정설 : 행소법 제8조제2항
 ③ 예외적 긍정설 : 회복 어려운 손해

3 판례
행소법 제8조제2항 무제한 준용

4 검토(선택)
부정성 VS 예외적 긍정설

행정심판법에는 임시처분
행정소송법 개정안은 가처분, 의무이행소송을 규정

출제 가능 설문

사전 대법원 2003두1684 전원합의체 [영업정지처분취소]

관할 행정청 甲은 乙에 대하여 환경영향평가서를 부실하게 작성하였다는 이유로 구 환경영향평가법 제13조 제1항 제6호 등의 규정에 의하여 환경영향평가대행업무정지 1월의 처분을 하였는데, 그 업무정지기간은 2001. 2. 2.부터 진행되다가 2001. 2. 8. 제1심법원의 집행정지결정으로 중단되었고, 제1심법원의 판결 선고일 다음날인 2002. 3. 23.부터 다시 진행되어 2002. 4. 13.경 그 기간이 모두 경과하였다. 한편 환경영향평가법 시행규칙 제10조 [별표 2] 2. 개별기준 (11)에서는 [별표 2] 2. 개별기준 1회를, 2차 이반시 등록취소를 각 명하는 것으로 규정하고 있다. 만약 乙이 1월 업무정지처분취소소송을 제기하였다면 乙에게 소의 이익이 있는 것으로 볼 것인가? (소의 이익만 검토)

사전 대법원 2006두19297 전원합의체 [임원취임승인취소처분] 〈경기학원이사사건〉

교육인적자원부장관 2004. 12. 24. 학교법인 경기학원의 이사 甲 및 감사 乙에 대하여 임원취임승인을 취소하면서 위 임원들의 임원취임승인취소처분에 대한 취소소송(제1소송)과 위원회에 대한 임시이사선임처분에 대한 취소소송(제2소송)을 병합하여 제기하였다. 甲에 대한 임시이사선임처분종결 전에 甲과 乙의 임기는 모두 만료되었고, 甲 역시 새로운 임시이사선임처분으로 임시이사의 지위가 소멸되었다. 이 경우 법원은 제1소송과 제2소송에 대하여 제소판결을 선고할 필요성이 있는지 검토하시오.

설문

甲은 '乙외의 증인 신고서 협의 임용 또는 소정 통지를 받고도 병역법 제88조에서 정한 기간 이내에 임영하지 아니하였다. 병무청장 乙은 甲을 검정 공개대상자로 선정하고 甲으로부터 소명서 등을 제출받은 다음, 위원회의 심의를 거쳐 2016. 12. 20. 甲의 인적사항 등을 병무청 인터넷 홈페이지에 게시(이하 '병단공표취소소송'을 제기하였으나 甲이 병단공표취소소송을 제기한다. 甲이 병단공표취소소송을 제기한다. 이 경우 법원은 본안판결을 선고할 것인가?

설문

甲은 관할 행정청에게 이주대책대상자 선정신청을 하였으나 관할 행정청은 이를 거부(처분)하였다. 이 경우 甲이 행정쟁송상 임시구제수단을 검토하시오.

설문

중국 국적의 근로자 甲은 대한민국 국민인 乙과 혼인 후 결혼이민(F-6) 체류자격으로 대한민국에 체류하면서 A회사에 근무하던 중 이혼을 하게 되었고 결혼이민 체류자격의 연장신청을 하였으나 법무부장관 乙은 이를 불허하였고 결국 체류자격의 중간이 도래하여 乙은 甲에 대하여 출국명령을 하였다. 甲은 자신의 귀책사유 없이 혼인관계가 해소된 것이라며 법무부장관 乙에 연장신청을 하였고, 거부처분에 동의하였느냐, 거부처분에 집행정지결정이 이어질 것인지 있는지에 대하여 이에 甲은 사용행정청에 연장신청거부처분에 대하여 취소소송을 제기하였다. 이 경우 甲의 출국명령처분에 대하여 취소소송을 제기하면서 2차 시험에 응시하기 위한 소송상 임시구제수단이 있는지 검토하라.

설문

재정경제부장관 甲은 공인회계사 제3차 시험에 합격자를 선정하면서 乙에 대하여 불합격처분을 하였다. 乙이 甲의 불합격처분에 대하여 취소소송을 제기하면서 2차 시험에 응시하기 위한 소송상 임시구제수단이 있는지 검토하라.

설문

A회사에 근무하는 근로자들은 사용자와의 임금인상에 관한 문제를 해결하고 근로조건의 개선을 도모하고자 노동조합을 조직하고 관할시장 乙에게 설립신고서를 제출하였다. 이에 관할시장 乙은 A회사 노동조합(이하 'A노조'라 한다) 설립신고서에는 '사용자 또는 항상 그의 이익을 대표하여 행동하는 자'를 조합원으로 가입시킬 수 있다고 명시되어 있고, 이는 '노동조합 및 노동관계조정법' 제2조 제4호 가목에 해당한다는 이유로 甲의 설립신고서를 반려처분을 하였다. 관할 시장 乙의 설립신고서 반려처분에 대하여 A노조가 취소심판을 청구한 경우 심판 계속 중 임시구제수단을 검토하시오.

행정쟁송법 쟁점리마인드

제7조(사건의 이송) 민사소송법 제34조제1항의 이송 규정은 원고의 고의 또는 중대한 과실없이 행정소송이 심급을 달리하는 법원에 잘못 제기된 경우에도 적용한다.

제10조(관련청구소송의 이송 및 병합) ① 취소소송과 다음 각 호의 1에 해당하는 소송(이하 "관련청구소송"이라 한다)이 각각 다른 법원에 계속되고 있는 경우에 관련청구소송이 계속된 법원이 상당하다고 인정하는 때에는 당사자의 신청 또는 직권에 의하여 이를 취소소송이 계속된 법원으로 이송할 수 있다.
  1. 당해 처분등과 관련되는 손해배상·부당이득반환·원상회복등 청구소송
  2. 당해 처분등과 관련되는 취소소송
② 취소소송에는 사실심의 변론종결시까지 관련청구소송을 병합하거나 피고외의 자를 상대로 한 관련청구소송을 취소소송이 계속된 법원에 병합하여 제기할 수 있다.

이송 | 관련청구소송의 이송 | 병합(← 2011. 18 약술, 21 사례)

전속관할 및 관할위반으로 인한 이송

1 행정사건이 행정법원의 전속관할인지
행정소송법 명문의 규정이 없지만 행정사건은 행정법원의 전속관할

2 민사사건이 민사법원의 전속관할인지 여부
1) 학설
부정하는 견해도 있지만, 민사사건은 민사법원의 전속관할로 보는 것이 일반적이다.
2) 판례
항고소송이 부적법하여 각하, 병합된 관련청구도 각하. 최근 민사사건을 서울행정법원에 당사자소송으로 제기한 사건에서 변론관할을 인정
3) 검토
법원조직법의 취지, 민사법원의 전속관할. 법제10조는 관할권의 창설규정

3 항고소송이나 당사자소송으로 제기할 사건을 민사소송으로 제기한 경우
수소법원으로서는 만약 그 행정소송에 대한 관할도 동시에 가지고 있다면 소변경을 통하여 이를 행정소송으로 심리·판단하여야 하고, 행정소송에 대한 관할을 가지고 있지 아니하다면 행정소송으로서의 소송요건을 결여한 것임이 명백한 경우가 아닌 이상 관할 법원에 이송하여야 한다(대판 95다28960).

4 민사소송으로 제기할 사건을 당사자소송으로 제기한 경우
공법상의 당사자소송 사건인지 민사사건인지 여부는 이를 구별하기가 어려운 경우가 많고 행정소송법 제8조 제2항, 민사소송법 제30조에 의하여 제1심법원에 변론관할이 생겼다고 볼 것이므로, 제1심법원이 민사소송으로 처리한 것에 큰 차이가 없는 점 등에 비추어 보면, 행정소송법 제7조는 원고의 고의 또는 중대한 과실 없이 행정소송으로 제기되어야 할 사건을 민사소송으로 잘못 제기한 경우에 적용된다고 봄이 상당하다(대판 2010두22368).

관련청구의 이송

1 이의 및 취지(서설)
소송경제, 판결모순방지

2 관련청구의 범위
1) 제10조제1항제1호
2) 제10조제1항제2호

3 이송의 요건 및 효과
1) 요건
각각 다른 법원, 상당한 이유, 신청 또는 직권
2) 효과
처음부터 이송받은 법원에 계속

4 관할법원 및 심리방법
취소법원, 민사사건은 제26조 ×

5 이송되어 병합된 관련청구소송의 판결

6 주된 청구 부적법 각하
1) 주된 청구 부적법 각하
2) 병합된 부당이득반환청구

7 다른 항고소송 및 당사자소송의 준용

7 행정소송법 개정안

병합(← 2011. 18 약술, 21 사례)

1 이의 및 취지(서설)

2 관련청구의 범위

3 병합의 종류
1) 단순병합
   취소청구와 국가배상
2) 선택적 병합
   수용재결취소청구와 보상금증가청구
3) 주위적·예비적 병합
   무효확인청구와 취소청구

4 병합의 요건
사실심변론종결전, 인사적 or 후발적

5 관할법원 및 심리방법

6 병합된 관련청구소송의 판결

7 주된 청구 부적법 각하
1) 주된 청구 부적법 각하
2) 병합된 부당이득반환청구

7 다른 항고소송 및 당사자소송의 준용

출제 가능 설문

사건 대법원 2013. 2. 28. 선고 판결 [환매대금증감]

甲은 수도권광역상수도사업을 위하여 1998. 8. 4.을 수용개시일로 하여 이 사건 토지를 수용한 후 이 사건 토지에 설치된 기존의 수도관로를 판교택지지구 내 광역상수도로 계속 이용하여 오다가 2008. 7. 30.에 이용을 중단하였다. 이 사건 토지의 종전 소유자인 乙은 2008. 8. 13. 환매대금으로 677,458,300원을 공탁하고 환매권을 행사하였다. 이에 甲은 민사소송이 대상인 환매대금증감가청구소송을 서울행정법원에 당사자소송으로 제기하였는데 피고 乙은 관할위반 하지 않고 본안에 관하여 변론하였고 서울행정법원이 본안판결을 하였다면 위 판결은 관할위반이 있는 것인지 검토하시오.

사건 2018년 기출

사업자 甲은 위법을 이유로 행정청으로부터 2개월 영업정지처분을 받았다. 이에 대한 甲의 처분취소소송과 그 처분으로 인한 영업 손해에 대한 국가배상청구소송이 병합될 수 있는 지 설명하시오.

사건

관할 행정청은 甲에게 1억원의 과징금부과처분을 하였고 이에 甲은 위 과징금을 국가에 납부하였다. 그 후 甲은 위 과징금부과 처분에 행정절차법상의 하자가 있다고 판단하고 과징금부과처분취소소송과 행정법원에 부당이득반환청구소송을 민사법원에 각각 제기하였다. 이 경우 甲의 청구 전부를 하나의 법원에서 심리판결할 수 있는 행정소송법상 제도를 설명하시오.

사건 2021년 기출

중기계를 생산하는 甲은 주조회사에 근무하는 중 업무상 사고로 인하여 상해를 입었음을 이유로 근로복지공단으로부터 휴업급여와 장해급여 등의 지급결정을 받았다. 그 후 근로복지공단은 甲이 근로복지공단은 실제 상해를 입지 않았음에도 허위로 지급신청서를 작성하여 급여지급결정을 받은 사실을 들어 甲에 대한 급여지급결정을 취소하였고, 甲이 급여지급결정의 취소 처분에 2021. 1. 7. 직접 수령하였다. 이와 함께 근로복지공단은 이미 甲에게 지급된 급여에 해당하는 금액을 부당이득으로 징수하였다. 한편, 甲은 위 급여지급결정 취소처분이 위법함을 이유로 2021. 5. 7. 급여지급결정 취소처분에 대한 무효확인소송을 제기하였다.

위 무효확인소송의 계속 중 甲은 추가적으로 급여지급결정 취소처분의 취소를 구하는 소를 병합하여 제기할 수 있는가?

재판관할

I 서설

II 전속관할과 임의관할

III 취소소송의 관할
1. 심급관할 (전속)
2. 사물관할 (법규정이 있는 경우 전속)
3. 토지관할 (임의)
4. 특별관할 (임의)
5. 변론관할 (임의)

IV 무효등확인소송 및 부작위위법확인소송

V 당사자소송, 기관소송 및 민중소송

VI 관할위반으로 인한 이송
1. 심급을 달리하는 법원에 잘못 제기한 경우
2. 항고소송이나 당사자소송으로 제기할 사건을 민사소송으로 제기한 경우

VII 결어

23

행정쟁송법 쟁점리마인드

제21조(소의 변경) ① 법원은 취소소송을 당해 처분등에 관계되는 사무가 귀속하는 국가 또는 공공단체에 대한 당사자소송 또는 취소소송외의 항고소송으로 변경하는 것이 상당하다고 인정할 때에는 청구의 기초에 변경이 없는 한 사실심의 변론종결시까지 원고의 신청에 의하여 결정으로써 소의 변경을 허가할 수 있다.
② 제1항의 규정에 의한 허가를 하는 경우 피고를 달리하게 될 때에는 새로이 피고로 될 자의 의견을 들어야 한다.

제22조(처분변경으로 인한 소의 변경) ① 법원은 행정청이 소송의 대상인 처분을 소가 제기된 후 변경한 때에는 원고의 신청에 의하여 결정으로써 청구의 취지 또는 원인의 변경을 허가할 수 있다.

제42조(소의 변경) 제21조의 규정은 당사자소송을 항고소송으로 변경하는 경우에 준용한다.

1 의의

2 행정소송법상 소의 변경

1) 소의 종류의 변경
① 의의
② 유형
항고소송 간의 변경, 항고소송과 당사자소송 간 변경
③ 요건
상당성 인정, 청구의 기초변경 ×, 사실심 변론종결 전
④ 절차
⑤ 효과
구소취하, 신소제기(구소제기시 제기)
⑥ 불복방법

2) 처분변경으로 인한 소의 변경
① 의의
② 요건
소송계속 중, 처분변경행위, 청구의 기초변경 × 불요
③ 절차
④ 효과
구소취하, 새로운 처분 행정심판제기 불요

3 당사자소송과 항고소송(법제42조)

4 행정소송과 민사소송 간의 변경(우측 참조)

5 결어

행정소송과 민사소송간의 변경

1 문제의 소재
명문의 규정 ×

2 학설
① 항고소송 민사소송(국가배상청구소송)으로 변경하는 경우에는 당사자의 변경이 생기므로 부정하는 입장(민사사건 전속관할 ○) VS ② 소송경제를 위하여 긍정하는 입장(민사사건 전속관할 ×)

3 판례
행정소송으로 제기하여야 할 사건을 민사소송으로 잘못 제기한 경우 수소법원 행정소송에 대한 관할도 동시에 가지고 있는 경우 원고로 하여금 항고소송으로 소 변경을 하도록 하여 그 1심법원으로 심리·판단(민사소송을 항고소송으로 제기 판례 ×)

4 검토(선택)
긍정설 또는 부정설
행정소송법 개정안은 민사소송과 행정소송 간의 소의 변경을 인정

출제 가능 설문

[사전] 대법원 95다28960 [석탄가격안정지원금의 지급]

석탄산업법에 따르면 1993년도 석탄가격안정지원금 지급요령에 의하면, 석탄산업합리화사업단 또는 석탄 생산업에 대한 수송 및 판매실적이 있는 석탄광업자(석탄의 탐사·채굴·채탄·선탄 등의 사업을 영위하는 석탄광업자·조광업자·계속 작업연자)에게 그의 신청에 의하여 연간 석탄 판매물량(t)에 11등급의 단잣에 따라 정해진 당 금액을 곱하여 산정한 석탄가격안정지원금(석탄도수수비·공모수수비·생산안정지원금 등의 일부 또는 전부, 이하 '지원금'이라 한다)을 지급하도록 되어 있는바, 석탄산업자(조광업자)인 Z이 이에 의거 위 지급요건 소정의 지원금 지급신청을 하였다가 거부당한 후 이를 피고로 삼아 석탄가격안정지원금 지급신청을 구하는 소를 민사소송으로 제기하였는바, 수소법원이 처리방법은?

1. 논점의 정리

2. 행정사건가 행정법원의 전속관할인지

3. 행정소송과 민사소송간의 소변경

4. 관할권이 없는 경우
- 행정소송에 대한 관할을 가지고 있지 아니하다면 행정소송으로서의 소송요건을 결하고 있음이 명백한 경우가 아닌 이상 각하할 것이 아니라 관할 법원에 이송하여야 한다.

5. 사안의 해결

[유사] 명예퇴직법 미지급수당에 청구, 광주민주화운동보상금

甲은 공무원으로 임용되어 근무하다가 퇴직하여 귀 공무원연금법 따른 퇴직연금 지급대상자가 되었고, 그 후 철차선업 주식회사(이하 '철차선업'이라 한다) 직원으로 다시 임용되어 공무원연금법에도 퇴직연금을 수령해왔는데, 공무의 연금관리공단 乙이 같은 해 2. 1. 이후 매월마다 퇴직연금 중 2분의 1에 해당하는 금액의 지급을 통보한 다음 해에 대하여 퇴직연금 중 일부 금액을 일부 지급하였고, 이에 甲이 乙에게 퇴직연금 중 일부 미지급된 금액 청구한 데 대하여, 乙은 2000. 9. 4. 甲이 근무하는 철차선업이 개정된 공무원연금법에 의하여 퇴직연금 지급기관 중 2분의 1에 해당하는 연금의 지급정지대상기관으로 지정되었다는 이유로 이를 지급할 수 없다고 거부하였다. 이에 甲은 乙을 피고로 거부처분 취소소송을 제기하였다. 甲이 제기한 취소소송을 수소법원이 만약 부적법하다면 소송계속 중 甲이 구제수단을 검토하시오.

[사전]

甲은 위법한 영업정지처분에 대하여 행정법원에 취소소송을 제기하였느니, 소송 계속 중 영업정지기간이 만료하였다. 이에 甲은 영업정지처분취소소송을 국가배상청구소송으로 소변경청구소송을 하려 한다. 甲의 신청에 대하여 법원은 허가결정을 할 수 있는가?

[사전]

甲은 관할 행정청에게 육아휴직신청을 하였으나 행정청은 이를 거부하였다. 이에 甲은 공무로 육아휴직급부구를 당사자소송으로 제기하는가? 만약 부적법하다면 甲의 소제기는 적법한가?

[유사 : 민주화운동보상금, 보훈기관에 대한 진료비지급청구 (제42조, 제21조)]

국가공무원인으로서 10년 이상 근무 중이 甲은 소속 기관장의 허가없이 공무 외에 영리를 목적으로 하는 업무에 종사하다가 적발되었다. 이에 임용권자는 적절한 절차를 거쳐 甲을 해임하였으나, 甲은 해임처분에 대하여 불복도 하지 않는 채 공무원연금관리공단에 공무원연금법에 따라 퇴직연금을 신청하였으나 공무원연금관리공단(이하 '공단'이라 한다)을 상대로 퇴직연금지급청구를 당사자소송으로 제기하였다. 甲의 소제기는 적법한가? 만약 부적법하다면 甲의 구제수단을 검토하시오.

1. 논점의 정리

2. 민사사건가 민사법원의 전속관할인지

3. 행정소송과 민사소송간의 소변경
  1) 학설
  2) 판례
  3) 검토

- 행정소송과 민사소송간의 소변경
  1) 문제점
    명문규정 ×
  2) 학설
    부정설 VS 긍정설
  3) 판례
    행정소송을 민사소송 잘못제기 ○
    민사소송을 행정소송으로(판례 ×)

4. 검토
  긍정설 또는 부정설
  행정소송법 개정안 인정

4. 사안의 해결

[주의 : 직권증액처분 ×]

공정거래위원회는 甲이 화교법인 문일학원, 주식회사 정 식품과 부당한 공동행위를 하였다는 이유로 공정거래법에 따라 과정 금 납부명령(이하 '제1차분'이라 한다)을 하였다. 이에 甲이 '제1차분 취소소송'을 제기하여 소송 계속 중 공정거래위원회는 甲이 2순위 조사협조자라는 이유로 당초 과징금 50% 감액하는 '제2차분'이라 한다)을 하였다. 이 경우 甲의 '제1차분' 취소소송은 소의 이익이 인정되는지, 만약 인정되지 않는다면 소송계속 중 구제수단을 구하시오.

행정쟁송법 쟁점리마인드

제11조(선결문제) ① 처분 등의 효력 유무 또는 존재 여부가 민사소송의 선결문제로 되어 당해 민사소송의 수소법원이 이를 심리·판단하는 경우에는 제17조, 제25조, 제26조 및 제33조의 규정을 준용한다.
② 제1항의 경우 당해 수소법원은 그 처분 등을 행한 행정청에게 그 선결문제로 된 사실을 통지하여야 한다.

구성요건적 효력 "의의"과 선결문제 "의의"	
민사법원의 위법성 판단 가부(국가배상)	형사법원에서 처분의 위법판단 및 효력 부인 가부
1 문제의 소재 공정력의 의미 및 법 제11조 구성상 위법여부 ×	**1 처분의 위법성 판단기능여부** 左 同
2 학설 ① 부정설: 법 제11조 열거, 공정력은 적법성 추정력 ② 긍정설: 법 제11조 예시, 공정력은 유효성 통용력	**2 형사법원에서 처분의 효력 부인 가부 (무면허운전죄, 무등록영업죄, 무허가영업죄)** 1) 학설 ① 부정설: 취소사유인 경우에는 취소권한이 없으므로 효력을 부인할 수 없다. ② 예외적 긍정설: 처분의 효력을 부인하는 것이 피고인에게 유리한 경우에는 처분의 효력을 부인할 수 있다.
3 판례 1) 민사법원 제6고지분의 위법함을 이유로 국가배상을 청구하는 경우에 있어 미리 그 행정처분의 취소판결이 있어야만 하는 것은 아니라고 판시하였다. 2) 형사법원 대법원은 형사법원도 처분의 위법성을 심리, 판단할 수 있는 것을 전제로 위법한 공무집행을 방해한 것이라면 공무집행방해죄가 성립되지 않는다고 판시하였고, 조지명령사건에서도 동일한 취지의 판시를 하였다.	2) 판례 ① 형사법원 대법원은 나이를 속여 발급받은 운전면허로 운전한 자가 무면허운전죄로 기소된 사건에서 동 면허는 취소사유에 불과하므로 형사법원은 그 효력을 부인할 수 없다고 판시하면서 무죄판결을 선고하였다. ② 민사법원 대법원은 과세처분이 당연무효라고 볼 수 없는 한 과세처분에 취소할 수 있는 위법 사유가 있다 하더라도 그 과세처분은 행정행위의 공정력에 의하여 적법하게 취소되기 전까지는 민사소송절차에서 과세처분의 효력을 부인할 수 없다고 판시하였다.
4 검토 긍정설	**3) 검토** 생각건대 긍정설이 타당

1 행정행위가 당연무효인 경우 판례의 대법원은 있지만 대법원은 당연무효인 과세처분을 전제로 민사소송 또는 선결문제로 판결할 수 있고 반드시 그 당연무효임을 전제로 판결할 수 있고 반드시 무효확인을 받아야 하는 것은 아니다(대판2009다90092).	
2 행정행위가 위법하지만 유효한 경우 판례의 대법원은 있지만 대법원은 당연무효라고 볼 수 없는 한 과세처분을 취소할 수 있는 위법사유가 있다 하더라도 그 과세처분은 행정청의 공정력 또는 집행력에 의하여 그것이 적법하게 취소되기 전까지는 유효하다고 할 것이므로, 민사소송절차에서 위 과세처분의 효력을 부인할 수 없다 이다(대판 99다20179).	

출제 가능 설문

사전 **대법원 72다337 [손해배상]**

서울시장 甲은 1969.11.10 乙이 건축한 본 건 건물의 구조 및 위치가 건축허가를 위반하였다는 이유로 본 건 건축허가를 취소함과 동시에 자진철거를 명하고 같은 날 건물을 乙에게 그 건물을 2일 이내에 자진 철거하지 않으면 대집행을 하겠다는 계고처분을 하고 같은 달 12일 대집행 영장에 의하여 건물철거를 하였다. 이에 乙은 계고처분 등이 위법하다고 주장하면서 민사법원에 국가배상청구소송을 제기하였는바, 민사법원은 계고처분의 위법성을 심리, 판단할 수 있는가?

설문

관악세무서장 甲은 2018. 1. 10. 乙에게 1억원의 양도소득세부과처분을 하였고 이에 乙은 금 1억원을 납부하였다. 그 후 乙은 이 처분이 위법하다고 주장하면서 민사법원에 부당이득반환청구의 소를 제기하였다. 민사법원은 인용판결을 선고할 수 있는가?

사전 **대법원 80도2646 [도로교통법위반]**

도로교통법 제57조에 규정된 연령미달의 결격자인 甲이 그의 형 A의 이름으로 운전면허시험에 응시 합격하여 운전면허를 발급받아 운전하던 중 적발되었다. 이에 검사는 甲을 무면허운전죄로 기소하였는바, 甲이 위와 같은 방법에 의하여 받은 운전면허는 비록 위법하다 하더라도 도로교통법 제65조 제3호의 허위 기타 부정한 수단으로 운전면허를 받은 경우에 해당하여 취소되지 않는 한 유효하므로 甲의 운전행위는 무면허운전에 해당하지 아니한다면, 형사법원은 유죄판결을 선고할 수 있는가?

설문

공인노무사 甲은 사무소를 개설하여 업무를 수행하던 중 비밀엄수의무를 위반하였고 공인노무사법[28조제1항제1호]에 따라 행사법원에서 징역 1년 집행유예 2년의 형이 확정되었다. 이에 고용노동부장관은 공인노무사법[19조제1항제1호]에 따라 甲에 대하여 등록취소처분을 하였는데 등록취소처분은 절차에 하자가 있어 위법하지만 유효한 처분에 해당하였다. 이에 甲은 등록취소처분이 위법하기 때문에 이를 따르지 않아도 된다고 생각하고 업무를 계속하였다. 이에 고용노동부장관은 이 사실을 검사에게 고발하였고 검사는 甲을 공인노무사법[28조제2항제1호 위반죄(무등록업무)로 형사법원에 기소하였다. 형사법원은 甲에게 유죄판결을 선고할 수 있는가?

사전

PC방 영업을 하는 丙은 영업정지명령을 위반하였다는 이유로 관할 영업정지 3월의 처분을 받았다. 그런데 관할 시장은 이 처분을 하기 전에 丙에게 「행정절차법」상 사전통지를 하지 아니하였다. 이에 丙은 사전통지 없는 영업정지처분은 모든 사실과 의견제출 방법 등에 관한 「행정절차법」상 사전통지를 하지 아니하여 위법하다고 주장하며 영업정지명령에 불응하여 계속하여 영업을 하였고, 관할 시장은 「게임산업진흥에 관한 법률」상 벌률상 영업정지명령위반을 이유로 丙을 검사는 丙을 영업정지명령 위반죄로 기소하였다. 이 사건은 심리하는 형사법원은 丙에 대해 유죄판결을 할 수 있는가?

(※ 행정절차상 사전통지 결여의 하자는 취소사유에 해당함)

행정쟁송법 쟁점리마인드

제4조(항고소송) 항고소송은 다음과 같이 구분한다.
1. 취소소송 : 행정청의 위법한 처분등을 취소 또는 변경하는 소송
2. 무효등 확인소송 : 행정청의 처분등의 효력 유무 또는 존재여부를 확인하는 소송
3. 부작위위법확인소송 : 행정청의 부작위가 위법하다는 것을 확인하는 소송

제5조(행정심판의 종류) 행정심판의 종류는 다음 각 호와 같다.
1. 취소심판 : 행정청의 위법 또는 부당한 처분을 취소하거나 변경하는 행정심판
2. 무효등확인심판 : 행정청의 처분의 효력 유무 또는 존재 여부를 확인하는 행정심판
3. 의무이행심판 : 당사자의 신청에 대한 행정청의 위법 또는 부당한 거부처분이나 부작위에 대하여 일정한 처분을 하도록 하는 행정심판

무명항고소송 인정여부(→ 2011, 2022 사례) 권력분립상 한계

1 적극적 형성소송
법원으로 하여금 행정처분을 직접 행하도록 하는 형성판결을 구하는 소송은 허용되지 아니한다.

2 의무이행소송

1) 문제의 소재
명문규정 ×

2) 학설
① 긍정설 : 개인의 권리보호가 확대, 행정소송법 제4조는 예시, 제3호의 변경은 적극적 변경
② 부정설 : 권력분립원칙, 행정소송법 제4조는 열거, 제3호의 변경은 소극적 변경
③ 절충설 : 처분요건이 일의적, 회복하기 어려운 손해, 다른 구제방법이 없는 경우

3) 판례
검사에게 압수물 환부를 이행하라는 청구, 의무이행소송 허용되지 아니한다.

4) 검토
부작위위법확인소송이 무용 부당 타당, 행정소송법 개정안에는 의무이행소송이 도입

3 작위의무확인소송
국가보훈처장에게 전시물을 철거 및 배치할 의무가 있음의 확인을 구하는 작위의무확인소송으로서 항고소송의 대상은 아니라고 판시하였다.

4 예방적 부작위청구(금지)소송

1) 문제의 소재

2) 학설(주의 : 제1호의 변경 언급 ×)
긍정설 vs 부정설 vs 절충설 vs 당사자소송설

3) 판례
건축건물의 준공처분을 하여서는 아니된다는 내용의 부작위를 구하는 행정소송에서 허용되지 아니하는 것이므로 부적법하다(대판 86누182).

4) 검토
권력분립의 원리, 남소 부정 타당. 최근 행정소송법 개정안 예방적 부작위청구소송 시제

의무이행심판의 재결(거부처분 위법 내지 부당의 판단기준시)

1 문제의 소재
부작위에 대한 의무이행심판의 위법, 부당의 판단기준시는 재결시이며, 거부처분에 대한 판단 기준시가 처분시인지, 재결시인지

2 학설
① 처분시설 : 의무이행심판 역시 항고심판에 해당하므로 위법, 부당한 처분의 사후통제절차
② 재결시설 : 의무이행심판의 취지가 재결시점에서 일정한 처분을 하는 것이 타당한지를 심리

3 검토
의무이행심판의 청구취지는 거부처분취소가 아니라 처분을 발급하라는 점에 비추어 재결시를 기준으로 종전의 거부처분을 유지할 지, 새로운 처분을 발급할 것인지를 결정하는 것이 타당하다.

거부처분취소소송에서 위법성 판단의 기준시(→ 2022 사례)

1 문제의 소재
거부처분 이후 법령 및 사실상태의 변경이 있는 경우 위법성 판단의 기준시

2 학설
① 처분시 ② 판결시 ③ 절충설 : 법 제30조② 재처분의무(의무이행소송 의도)

3 판례
난민인정거부처분 이후 국적국의 정치적 상황이 변하였더라도 처분의 적법여부가 달라지는 것은 아니라고 판시하였다.

4 검토
취소판결의 기속력의 시적 범위 처분시. 처분시설 타당

출제 가능 설문

사건 대법원 86누182 [건축허가처분취소]

건축사정은 甲의 신청에 따른 건축허가를 하였고, 이에 甲은 건축공사를 시작하였다. 이에 乙은 건축사정은 피고로 주위적으로 건축허가취소소송을 예비적으로 신축건물의 준공처분을 하여서는 아니된다는 내용의 부작위청구소송을 제기하였는바 乙이 예비적 청구는 허용되는가?

설문 2022년 기출

甲이 행정청 乙에게 토석채취허가신청을 하였다. 이로 인하여 침해를 받을 수 있는 영농법인 甲이 이 사건 처분을 하여서는 안된다는 소의 제기가 허용되는가?

설문 2022년 기출

甲은 도지사 乙에게 사업부지를 폐기물처리시설용지로 변경신청을 하였다. 당시는 법상 변경이 불가능하였는데 乙은 거부처분을 하였고, 이에 甲은 거부처분취소소송을 제기하였다. 그런데 거부처분 이후 폐기물처리시설용지로의 변경이 가능하도록 법령이 개정되었다고 할 때 법원이 어느 시점을 기준으로 위법성을 판단하여야 하는지에 관하여 설명하시오.

설문

甲은 몽고 국적의 외국인으로서 대한민국에서 생활하던 중 몽고국의 징집을 거부하면서 법무부장관에게 난민인정신청을 하였으나 거부당하였다. 이에 甲은 이무이행심판을 청구하였는데 심판계속 중 甲은 거부처분 이후의 몽고국의 정치적 상황이 변경되었으므로 거부처분은 위법하다고 주장하는 바 甲의 주장은 타당한가?

사건 대법원 2007두3930 [난민인정불허가결정취소]

甲은 몽고 국적의 외국인으로서 대한민국에서 생활하던 중 몽고국의 징집을 거부하면서 법무부장관에게 난민인정신청을 하였으나 거부당하였다. 이에 甲은 거부처분취소소송을 제기하였는데 소송 계속 중 甲은 거부처분 이후의 몽고국의 정치적 상황이 변경되었으므로 거부처분은 위법하다고 주장하는 바 甲의 주장은 타당한가?

보충 대법원 94누14018 [부작위위법확인]

형사본안사건에서 무죄가 선고되어 확정되었다면 형사소송법 제332조 규정에 따라 검사가 압수물을 제출자나 소유자 기타 권리자에게 환부하여야 할 의무가 당연히 발생한 것이고, 권리자의 환부신청에 대한 검사의 환부결정 등 어떤 처분에 의하여 비로소 환부의무가 발생하는 것은 아니므로 압수가 해제된 것으로 간주된 압수물에 대하여 피압수자나 기타 권리자가 <u>민사소송으로 그 반환을 구함은 별론으로 하고 검사가 피압수자의 압수물 환부신청에 대하여 아무런 결정이나 통지도 하지 아니하고 있다고 하더라도 그와 같은 부작위는 현행 행정소송법상의 부작위위법확인소송의 대상이 되지 아니한다.</u>

29

행정쟁송법 쟁점리마인드

제4조(항고소송) 항고소송은 다음과 같이 구분한다.
1. 취소소송 : 행정청의 위법한 처분 등을 취소 또는 변경하는 소송
제12조(원고적격) 취소소송은 처분 등의 취소를 구할 법률상 이익이 있는 자가 제기할 수 있다.

제25조(행정심판기록의 제출명령) ① 법원은 당사자의 신청이 있는 때에는 결정으로써 재결을 행한 행정청에 대하여 행정심판에 관한 기록의 제출을 명할 수 있다.
제26조(직권심리) 법원은 필요하다고 인정할 때에는 직권으로 증거조사를 할 수 있고, 당사자가 주장하지 아니한 사실에 대하여도 판단할 수 있다.

취소소송의 소송물

1 문제의 소재
소송물이란 소송상 분쟁의 대상물. 소송물이 범위확정에 따라 기판력의 범위 등이 달라짐. 행정소송법상 소송물의 개념에 대한 명문규정이 없음.

2 학설
① 처분의 위법성 일반이 소송물이라는 견해
② 개개의 위법사유로 보는 입장
③ 위법한 처분으로 자신의 권리가 침해되있다는 원고의 주장

3 판례
과세처분 취소소송의 소송물은 그 취소원인이 되는 위법성 일반

4 검토
행정소송법은 처분의 위법여부만을 본안심리의 대상으로 구정하고 있고(법 제4조제1호), 분쟁의 일회적 해결요청의 필요성에 비추어 취소소송의 소송물은 처분의 위법성 일반으로 보는 것이 타당하다. 이에 따르면 취소소송의 판결의 기판력은 처분의 위법 또는 적법인반에 대하여 미친다.

취소소송의 직권심리

1 변론주의 VS 직권탐지주의

2 주장책임 및 입증책임

3 법제26조에 따른 직권증거조사의 범위

1) 학설
① 변론주의보충설 : 법원이 당사자의 주장, 증거를 통하여 충분한 심증을 얻기 어려운 경우에 보충적으로 직권조사를 할 수 있다는 입장
② 직권탐지주의설 : 보충적 증거조사는 물론 당사자가 주장하지 아니한 사실에 관하여도 이를 탐지할 수 있다는 입장

2) 판례
법원이 아무런 제한 없이 당사자가 주장하지 아니한 사실을 판단할 수 있는 것은 아니고 일건 기록에 현출되어 있는 사항에 관하여서만 직권으로 증거조사를 하고 이를 기초로 하여 판단할 수 있고, 그것도 원고의 청구범위 내에서 증거조사를 하고 판단할 수 있을 뿐이다(대판 94누4820).

3) 검토 (선택)
• 직권탐지주의설
생각건대 행정소송법 제26조의 명문구정, 행정소송의 목적구, 행정의 적법성 통제에도 있는 점을 고려하면 직권탐지주의를 의미
• 변론주의보충설
생각건대 행정소송의 목적이 행정의 적법성 통제에도 있는 점을 고려하면 직권탐지주의로 보는 입장도 일응 타당하나, 항고소송이 주관소송이라는 점을 감안하면 제26조의 직권탐지구정은 변론주의를 보충하는 것으로 보는 것이 타당하다.

4 변론주의 한계에 관한 판례
법원이 원고의 청구범위 이상으로 이용판결을 한다거나, 당사자에게 새로운 청구를 할 것을 권유하는 것은 석명권의 한계를 벗어난 것이라고 판시하였다.

출제 가능 설문	취소소송의 심리방법
	I 서설
	II 심리의 내용 1. 요건심리 2. 본안심리
	III 심리의 범위
	IV 심리에 관한 원칙 등 1. 원고의 처분권주의 2. 변론주의·직권탐지주의 3. 제26조의 의미 4. 심판기록제출명령(25) 5. 그 외의 원칙

	V 주장책임과 입증책임
	1. 주장책임
	2. 입증책임
	  1) 의의
	  2) 분배기준
	    ① 문 ② 학 ③ 판 ④ 검

	VI 위법성 판단의 기준시점

사건 대법원 94누4820 [양도소득세등부과처분취소]

부산진세무서장인 甲이 1989. 1. 28. 부산 부산진구 개금동 57. 신개금우성아파트 104동 402호 1세대를 취득하고 그 곳에 주민등록을 이전한 다음 같은 해 10. 4. 그 앞으로 소유권이전등기된 부동산이 있는데, 甲이 별도로 소유하고 있던 이 사건 주택을 1990. 5. 10. 매도할 것은 1세대 1주택에 해당되지 않는다는 이유로 양도소득세 과세처분을 하였고 이에 甲은 과세처분취소 소송을 제기한 후 변론에서 이 사건 부동산을 소외 김인배에게 매도하고 그 매도전금을 수령한 것은 위 아파트를 취득하기 전인 1988. 12. 29.이므로 이 사건 건물의 양도시기를 1988. 12. 29.로 보아야 하고, 따라서 당시에는 1세대 1주택에 해당된다는 이유로 처분의 취소를 주장하였지만 이 사건 건물 외에 다른 건물을 소유하지 않았으므로 1세대 1주택의 위배사유로 자신의 전혀 전 주, 체출되지 않았던 '거주이전의 목적으로 위 단독주택을 양도한 것이므로 위 양도한 것이 위반한다는 것이었다. 원심법원이 기각판결을 것이 위법한가?

설문

A주식회사의 근로자 甲은 노동조합설립신고를 하였으나, 관할 행정청 乙은 등 조합이 노동조합 및 노동관계조정법(이하 '노조법'이라 한다) 제2조 제4호 나목. 정비의 주된 부분을 사용자로부터 원조받는 경우에 해당한다고 판단하고 이를 이유로 설립신고를 반려하였고 이에 甲은 반려처분취소소송을 제기하였다. 그런데 취소소송을 계속 항소중에서 소외 乙이 반려설의 어느 한 부분이라도 주장을 하지 않고 乙 등 조합이 있음에도 조합은 정치운동을 목적으로 하는 경우에 해당한다고 보아 직권으로 증거조사를 한 다음 기각판결을 선고하였다. 이에 甲은 대법원에 상고하면서 항소(원심)법원의 판결은 변론주의를 위반한 위법한 판결이라고 주장하였다. 甲의 주장은 타당한가?

설문

甲이 제기한 건강보험요양기관 지정처분이 서울행정법원은 취소소송에서 甲이 변론절차에서 아무런 주장을 하지 않고 있음에도 "국민건강보험법 시행령으로 정한 건강보험요양기관 지정요건인 지정처분 중 '시설, 장비 및 진료과목'을 인허가기준에 미달한다'고 보아 직권으로 다음 甲의 반려처분취소소송을 계속 항소중에서 "시설, 장비 및 진료과목'을 인허가기준 위반으로 인해 위법하다"고 甲이 취소판결을 선고하였다. 법원의 취소판결은 적법한가?

설문

관할 행정청 乙은 "60필지 중 위 10필지만을 개발하는 것은 도시미관과 지역의 균형발전을 저해한다."라는 이유로 甲이 주택건설사업계획승인신청을 반려하는 처분을 하였다. 이에 甲이 취소소송을 제기하였는데, 乙이 소송 계속 중 "60필지 지역의 판례법령에 의하여 5층 이상의 건축이 불가능한 지역이다. 다는 사실을 전혀 주장·제출하지 않았음에도 법원이 직권으로 위 사실을 인정하여 기각판결을 선고하였다. 甲은 동 판결이 위법한 판결이라고 주장하면서 항소하면서 甲의 주장은 타당한가?

설문

취소(항고)소송의 심리방법에 관하여 약술하시오.

주장책임 및 입증책임

1 주장책임

변론주의 하에서 당사자가 분쟁의 중요한 사실을 주장하지 않아 그러한 사실이 없는 것으로 취급함으로써 일방당사자가 받는 불이익을 주장책임이라고 한다. 소송요건과 같은 법원의 직권조사사항은 주장책임의 대상이 아니다. 주장책임은 입증책임과 달리 변론주의 하에서만 문제 된다.

2 입증책임

입증책임이란 소송심리의 최종단계에서 일정한 사실의 존부가 불분명한 범부판단불능에 빠진 경우에 일방당사자가 받게 되는 불이익을 말한다. 이는 사실관계가 불분명하더라도 법원은 판결의무가 있으므로 밝기술의 측면에서 인정된 책임으로서 입증책임은 변론주의는 물론 직권주의 하에서도 어떤 사실의 존부가 불분명한 경우에 등장하는 책임이다. 이러한 불이익을 피하기 위하여 당사자는 자신에게 유리한 사실에 관한 증거를 사실심변론종결 시까지 제출하여야 한다.

3 취소소송의 입증책임 분배기준

1) 문제의 소재

행정소송법에는 입증책임에 관한 명문의 규정이 없음.

2) 학설

① 원고책임설 : 공정력을 적법성 추정력으로 이해
② 법률요건분류설 : 공정력의 유효성 통용력, 행정소송도 변론주의가 원칙
③ 독자분배설 : 공익이라는 특수성을 감안하여 구체적 사건마다 결정

3) 판례

민사소송법의 규정이 준용되는 행정소송에 있어서 입증책임은 원칙적으로 민사소송의 일반원칙에 따라 당사자 간에 분배되고, 취소소송의 경우 그 처분의 적법성을 주장하는 피고에게 적법사유에 대한 입증책임이 있다(대판 84누124).

4) 검토

공정력은 유효성 통용력에 불과, 독자분배설은 실제 사건에서 법률요건분류설과 실질적인 차이가 없음. 변론주의를 채택하는 행정소송에서도 법률요건분류설이 타당.

4 입증책임에 관한 판례

1. 원고책임

소송요건, 재량권의 일탈·남용 사유, 비과세 대상여부 등

2. 피고책임

처분권한의 존재, 절차적 요건 준수, 과세요건사실 등

처분의 위법성 판단의 기준시

1 위법성 판단의 기준시로서의 처분시의 의미

항고소송에 있어서 행정처분의 위법 여부를 판단하는 기준 시점에 대하여 처분시라고 하는 의미는 법원은 행정처분 당시 행정청이 알고 있었던 자료뿐만 아니라 사실심 변론종결 당시까지 제출된 모든 자료를 종합하여 처분 당시 존재하였던 객관적 사실을 확정하고 그 사실에 기초하여 처분의 위법 여부를 판단할 수 있다(대판 92두19033).

2 거부처분 이후 법령 및 사실상태가 변경된 경우(→ 기속력 연결 2010, 12 사례)

1) 문제의 소재

1처분시에 있는 후에 법령 및 사실상태가 변경된 경우 특히 신청에 대한 거부처분의 경우에 법원은 어느 시점을 위법성 판단의 기준시로 할 것인지가 문제 된다.

2) 학설

① 처분시설 ② 판결시설 ③ 원칙은 처분시를 기준으로 하되 거부처분취소소송의 경우에는 행정소송법 제30조제2항의 재처분의무규정과 결부하여 실질적으로 의무이행소송과 유사하므로 판결시로 보는 절충설

3) 판례

행정소송에서 행정처분의 위법 여부는 행정처분이 행하여졌을 때의 법령과 사실 상태를 기준으로 하여 판단하여야 하고, 처분 후 법령의 개폐나 사실상태의 변동에 의하여 영향을 받지 않으므로 거부처분도 한 후 구체국의 정치적 사정이 변화되었다고 하여 처분이 적법 여부가 달라지는 것은 아니다(대판 2007두3930).

4) 검토

판결시설은 처분시에 위법 또는 적법했던 처분이 판결의 시기에 따라 적법 또는 위법해질 수도 있다는 문제점이 있고 절충설은 취소판결 기속력의 시간적 범위는 처분시를 기준으로 발생하여 타당하지 않으므로 처분시설이 타당하다.

출제 가능 설문

설문

관할 행정청 A는 甲이 정당한 이유 없이 계약을 이행하지 않았음을 이유로 입찰참가자격 제한처분을 받았다. 甲은 취소소송을 제기하였는데, '甲이 정당한 이유없이 계약을 이행하지 않았다는 사실이 인정되지 않는 경우 수(또는 귀)인 경우 수소법원은 어떤 판결을 하여야 하는가?

설문

甲이 피고 공단을 상대로 정보공개거부처분취소소송을 제기하였는데 법원이 심리결과 '회의록'의 공개의무가 공정한 수행에 현저한 지장을 초래한다, (비공개사유)는 사실이 인정되지 않는다면 법원은 어떤 판결을 선고할 것인가?

설문

건설회사 甲은 '국가계약법'에 따라 국가와 건설도급계약을 체결하고 조달청장 乙의 감독 아래 건축물 신축공사를 시행하였다. 乙은 甲의 건축물 공사 진행상황을 점검하기 위하여 공사현장에 출장하였으나 甲의 직원들은 공사현장 내 위험발생을 이유로 乙의 현장 점검 출입을 막았고 이에 甲에 대하여 건설도급계약을 해지하였다는 뜻을 표시한 후 공사현장을 폐쇄하였다. 그 후 乙은 甲이 공사를 완료하지 못하였으므로 국가계약법 시행령 제76조제1항제1호의 '정당한 이유 없이 계약을 이행하지 아니한 경우'에 해당한다는 점을 이유로 제재처분인 '국가계약법 시행령 제27조제1항'(근거하여 甲에게 1년의 입찰참가자격 제한처분을 하였다. 만약 위 취소소송에서 '乙의 해지권행사가 부적법'이 분명(不明)인 경우 법원은 어떤 판결을 선고하여야 하는가?

대법원 2021. 9. 9. 선고 2017두45933 전원합의체 판결 [유족급여및장의비부지급처분취소]

甲의 아들 乙(이하 '망인'이라고 한다)은 주식회사 삼성디스플레이에 입사한 후 협력업체에 파견되어 휴대전화 내장용 안테나의 샘플을 제작하여 품질검사를 하는 등의 업무를 수행하였다. 망인은 2014. 4. 19. 출근 후 09:54경 등교 직원과 함께 약 10분 동안 약 5kg의 박스 80개를 옮기다가 쓰러져 병원으로 옮겨졌으나 '심낭막 파열에 의한 심장탐포나드(Cardiac Tamponade, 이하 '이 사건 상병'이라고 한다)'로 사망하였다. 甲은 근로복지공단에게 산업재해보상보험법(이하 '산재보험법'이라고 한다)상 유족급여 및 장의비 지급을 청구하였으나, 공단은 망인의 사망원인인 이 사건 상병과 업무 사이의 상당인과관계를 인정하기 어렵다는 이유로 이 사건 청구에 대하여 부지급결정(이하 '이 사건 처분'이라고 한다)을 하였다. 이에 甲은 이 사건 처분의 취소를 구하는 소를 제기하였다. 법원이 심리결과 '망인의 업무와 사망 사이의 인과관계가 분명하다고 주장하면서 해당한다고 주장하였으나 이 사건 처분의 사전 처분의 취소를 구하는 소를 제기하였다. 법원이 심리결과 '망인의 업무와 사망 사이의 인과관계가 분명치 않다'는 경우 법원은 어떠한 판결을 선고하여야 하는가?

설문

공정거래위원회는 주식회사 A와 B가 '공정거래법'이 금지하는 부당한 공동행위를 했다는 이유로 각각 1억원의 과징금부과처분을 하였다. 이에 A와 B는 과징금부과처분 취소소송을 제기하였는데, 법원이 심리결과 A와 B 사이에 부당한 공동행위에 대한 '합의'가 있다다는 사실이 불분명(不明)인 경우 법원은 어떠한 판결을 선고하여야 하는가?

행정쟁송법 쟁점리마인드

제30조(취소판결등의 기속력) ① 처분등을 취소하는 확정판결은 그 사건에 관하여 당사자인 행정청과 그 밖의 관계행정청을 기속한다.
② 판결에 의하여 취소되는 처분이 당사자의 신청을 거부하는 것을 내용으로 하는 경우에는 그 처분을 행한 행정청은 판결의 취지에 따라 다시 이전의 신청에 대한 처분을 하여야 한다.

소송계속 중 처분사유의 추가, 변경 허용여부 (→ 2011, 2015, 2019 사례)

1 허용여부

1) 문제의 소재
   행정소송법에 명문규정이 없음. 원고의 공격방어방법 침해 VS 분쟁의 일회적 해결

2) 학설
   ① 부정설 : 원고의 공격방어방법 침해
   ② 긍정설 : 분쟁의 일회적 해결의 부담
   ③ 제한적 긍정설 : 기본적 사실관계의 동일성이 인정되는 범위에서만 인정

3) 판례
   처분청은 당초 처분의 근거로 삼은 사유와 기본적 사실관계가 동일성이 있다고 인정되는 한도 내에서만 다른 사유를 추가하거나 변경할 수 있을 뿐, 기본적 사실관계와 동일성이 인정되지 않는 별개의 사실을 들어 처분사유로 주장할 수 없다고 판시하면서 이와 같은 법리는 행정심판단계에서도 동일하게 적용된다고 판시하였다. 다만, 산업재해보상보험법상 심사청구는 처분청이 스스로 당해 처분의 적법성과 합목적성을 확보하고자 행하는 자신의 내부 시정절차에 해당하므로 기본적 사실관계의 동일성이 인정되지 않는 사유라고 하더라도 추가·변경할 수 있다고 판시하였다.

4) 검토
   제한적 긍정설

2 기본적 사실관계의 동일성 판단기준

1) 시간적 기준 : 처분 당시에 존재하였던 사유를 기준으로 허용여부를 판단
2) 객관적 기준
   시간적, 장소적 근접성, 행위태양 등을 종합적으로 고려하여 개별사안에 따라 구체적으로 판단

3) 판례 판례
   ① 동일성을 인정한 사건
   순수 납입지역에서의 행위제한과 환경보호, 구체적 사실을 변경하지 아니하는 범위 내에서 단지 그 처분의 근거 법령만을 추가변경하는 경우
   ② 동일성을 부정한 사건
   정당한 이유없이 제출을 이행하지 않았다는 사유와 공무원에게 뇌물을 제공했다는 사유, 기존 공동사업자와 거리제한사유와 최소주차용지가 부족하다는 사유

취소판결의 기속력 (→ 2010, 2012, 2018, 2019 사례)

1 기속력의 의의 및 성질

2 기판력과의 관계

3 기속력의 범위

1) 주관적 범위
   기속력은 당사자인 행정청뿐 만 아니라, 그 밖의 모든 관계행정청

2) 객관적 범위
   기속력은 취소판결의 실효성을 도모하기 위해 인정된 효력이므로 판결주문과 그 전제로 된 요건사실의 인정과 효력의 판단에만 미치고, 판결의 결과와 직접 관계없는 사실판단에는 미치지 아니한다.

3) 시간적 범위
   처분의 위법성 판단의 기준시는 처분시

4 기속력의 내용

1) 반복금지효
   기본적 사실관계의 동일성이 없는 사유를 가지고 동일한 내용의 처분을 하더라도 이는 기속력에 위반되지 않는다.

2) 재처분의무
   당사자의 신청에 대한 행정청의 거부처분이 판결에 의해 취소된 경우에 행정청이 판결의 취지에 따라 다시 처분할 의무를 부담하는 것을 말한다.

3) 결과제거의무
   기속력의 내용으로서 행정청은 결과제거의무를 부담. 행정소송법 개정안 명시

5 기속력 위반의 효과
   당연무효

6 기속력 관련 판례

① 기속력 위반을 인정한 경우
   법령이 개정되면서 경과규정을 두었음에도 새로운 법령을 근거로 다시 동일한 거부처분을 한 경우
② 기속력 위반을 부정한 경우
   법령이 개정된 이후에 새로운 법령에서 정한 사유로 다시 거부처분을 한 경우

출제 가능 설문

사 전 대법원 198두18565 [부정당업자제재처분취소]

관악구청장 A는 지방재정법에 의하여 甲에게 입찰참가자격 제한 처분을 함에 있어서 그 처분사유로 '정당한 이유 없이 계약을 이행하지 아니한 사실'과 그에 대한 법령상의 근거로 법 시행령 제76조 제1항 제3호을 명시하였다. 이에 甲은 입찰참가자격제한처분취소소송을 제기하였는데, 소송 계속 중 A는 이 사건 처분사유를 같은 조항 제10호 소정의 "계약의 이행과 관련하여 관계 공무원에게 뇌물을 준 것"이라는 사유를 추가하였다.

1. 법원은 추가된 사유로 처분의 적법여부를 판단할 수 있는가?
2. 甲에 대한 입찰참가자격제한처분의 취소판결이 확정된 후, 처분청은 甲이 계약당시 관계 공무원에게 뇌물을 주었다는 사유로 다시 입찰참가자격제한처분을 하였다면 이 처분은 적법한가?

사 전

甲은 법무부장관에게 보복 국정원 특별사면과 관련한 '사면실시사건'에서 청구인의 성명과 및 사면심의에 관한 국무회의 안건자료의 공개를 청구하였다. 이에 대하여 법무부장관은 위 정보에는 사면대상자 또는 제외자의 이름 및 그 사유 등이 포함되어 있어 「공공기관의 정보공개에 관한 법률」 제9조 제1항 제6호에 해당한다는 이유로 공개를 거부하였다. 甲은 이에 대하여 법무부장관을 피고로 하여 정보공개거부처분 취소소송을 제기하였다.

1. 법무부장관이 위 취소소송 중에서 위 정보가 같은 항 제4호에 해당한다는 점을 비공개사유로 추가하는 것은 허용되는가?
2. 만약 위 처분의 취소사유가 허용되지 않고 법무부장관이 위 소송에서 패소하여 그 판결이 확정되었다면, 그 후 법무부장관이 위 정보가 같은 항 제4호에 해당한다는 사유로 재차 정보공개를 거부하는 것은 가능한가?

사 전

관할 행정청 乙은 "60필지" 중 위 10필지만을 개발하는 것은 도시미관과 지역여건을 고려하지 않은 불합리한 개발로서 지역의 균형개발을 저해한다."라는 이유로 甲의 주택건설사업계획승인신청을 반려하는 처분을 하였다. 甲이 반려처분 취소소송을 제기하였는데 乙은 자신의 소송 계속 중 乙은 자신의 반려처분사유로 '위 60필지 지역은 관계법령에 의하여 甲은 5층 이상의 건축이 불가능한 지역이다.'라는 사유를 추가하였다. 법원은 반려처분의 위법여부를 판단할 수 있는가?

사 전 대법원 2002두22 [건축경제]

甲은 2000. 4. 14. 해운대구청장 A에게 부산 해운대구 중동 938-6 전 등 6필지 해당대구 중동 938-6 전 등 6필지 합계 면적 3,772㎡(이하 '이 사건 토지'라 한다) 지상에 지하 4층, 지상 17층 규모의 88대 공동주택 및 근린생활시설을 건축하는 내용의 주택건설사업계획승인신청을 하였으나, A는 관련 구청상 요건미비를 이유로 거부하였다. 이에 甲은 거부처분취소소송을 제기하였고 법원은 관련 구청상 요건이 충족되었으므로 이유로 취소판결이 선고, 확정되었다. 그 후 판례범이 개정되면서 새로운 주거지역에 부합하는 정비구역임을 두고 있었다. A는 개정된 법령에 관련 주거지역 요건미비를 이유로 거부처분을 하였다. A의 새로운 거부처분은 적법한가?

35

행정쟁송법 쟁점리마인드

행정소송법

제34조(거부처분취소판결의 간접강제) ① 행정청이 제30조제2항의 규정에 의한 처분을 하지 아니하는 때에는 제1심수소법원은 당사자의 신청에 의하여 결정으로써 상당한 기간을 정하고 행정청이 그 기간 내에 이행하지 아니하는 때에는 그 지연기간에 따라 일정한 배상을 할 것을 명하거나 즉시 손해배상을 할 것을 명할 수 있다.

제38조(준용규정) ① 사 기 간 판 무효등확인소송의 경우에 준용 ×
② 처분 집 사 부작위위법확인소송의 경우에 준용 ×

행정심판법

제49조(재결의 기속력 등) ① 심판청구를 인용하는 재결은 피청구인과 그 밖의 관계 행정청을 기속한다.
② 재결에 의하여 취소되거나 무효 또는 부존재로 확인되는 처분이 당사자의 신청을 거부하는 것을 내용으로 하는 경우에는 그 처분을 한 행정청은 재결의 취지에 따라 다시 이전의 신청에 대한 처분을 하여야 한다.
③ 당사자의 신청을 거부하거나 부작위로 방치한 처분의 이행을 명하는 재결이 있으면 행정청은 지체 없이 이전의 신청에 대하여 재결의 취지에 따라 처분을 하여야 한다.

거부처분취소재결에 따른 재처분의무 인정여부(← 2019 사례)

↑ **행정심판법 개정 전 논의**

1 문제의 소재

구 행정심판법은 행정소송법과 달리 거부처분취소재결에 따른 처분청의 재처분의무를 규정하고 있지 않은바, 행정심판법 제49조제1항에 의하여 재처분의무를 인정할 수 있는지

2 학설

① 긍정설 : 행정심판법 제49조제1항은 기속력에 관한 일반적 규정으로 이해
② 부정설 : 명문의 규정이 없는 한 작위의무를 부과하기는 어려움

3 판례

대법원도 거부처분을 취소하는 재결이 있는 경우에 행정청은 그 재결의 취지에 따라 다시 이전의 신청에 대한 처분을 하여야 한다고 판시(대판 88누7880).

4 검토

행정기관 상호 간에도 권한존중의 이념을 떠나 지켜야 하는 명문의 규정이 없는 한 행정청의 재처분의무는 부정하는 것이 타당. 최근 행정심판법 제49조제2항은 재처분의무를 명문으로 규정하여 입법적으로 해결

거부처분취소판결의 간접강제

1 의의 및 취지

2 요건(부작위, 기속력 위반 무효)

3 절차

4 배상금의 성질

대법원은 손해배상이 아니므로 의무이행기한이 경과한 후 확정판결의 취지에 따른 재처분이 이행이 있으면 배상금을 청구할 수 없다고 판시

5 인정범위

1) 부작위위법확인소송의 경우

행정소송법 제38조제2항이 제34조를 준용
절차적 심리설 : 어떠한 형태로도 응답을 하였다면 간접강제는 허용인됨.

2) 무효등확인소송의 경우

① 문제의 소재
② 학설
  ㉠ 긍정설 : 제34조제1항이 재처분의무를 이행하고 있지 않은 때라고 규정
  ㉡ 부정설 : 재처분의무만 인정, 준용규정이 없음.
③ 판례
무효확인판결취지에 따른 재처분의무가 인정될 뿐 간접강제까지 허용되는 것은 아니다 (대판 98무37).
④ 검토(선택)
부정 : 해석상 간접강제를 인정하게 되면 권력분립의 문제가 발생
긍정 : 인용판결의 실효성 확보

출제 가능 설문

사건 대법원 2002두22 [간접강제]

甲은 2000. 4. 14. 해운대구청장 A에게 부산 해운대구 중동 938-6 전 등 6필지의 토지 합계 면적 3,772㎡(이하 '이 사건 토지'라 한다) 지상에 지하 4층, 지상 17층 규모의 88세대 공동주택 및 근린생활시설을 건축하는 내용의 주택건설사업계획승인신청을 하였으나, A는 관련 구청장의 부동의를 이유로 거부처분을 하였다. 이에 甲은 거부처분취소소송을 제기하였고 법원은 관련 구청장의 중속되었음을 이유로 취소판결이 선고, 확정되었다. 그 후 관련법이 개정되면서 새로운 요건이 추가되면서 부적에는 경과규정을 두고 있었다. A는 개정된 법령에 추가된 요건미비를 이유로 거부처분을 하였다. 이 경우 甲은 법원에 간접강제를 신청할 수 있는가?

사건 대법원 98두37 [건축허가부효확인판결에 기한 간접강제]

관악구청장 A는 甲의 애호사유수소증진얼허가에 관한 신청에 대하여 거부처분을 하였고 이에 甲은 거부처분효확인소송을 제기하였고 법원은 이 사건 거부처분에 관한 없는 자에 의한 것이어서 무효임을 확인하는 승소판결을 통 판결은 확정되었음에도 A는 재처분을 하지 않고 있는 경우 甲은 간접강제를 신청할 수 있는가?

설문

광주광역시장 乙은 2004. 3. 2. 2명의 3급 승진요인이 발생하자 국가서기관 4급으로서 광주광역시 기획관으로 근무하던 甲을 포함한 8명의 4급 공무원을 지방부이사관 승진후보자로 선정한 다음, 광주광역시 인사위원회에 3급 승진 대상자 2명을 선정하여 주도록 요청하였다. 그 후 乙은 2004. 8. 1.자 인사발령을 하면서 甲을 제외한 나머지 부이사관 승진예정자에 대한 승진 발령을 하였고, 甲의 이후의 인사발령에서도 승진발령을 받지 못하게 되자, 乙에게 자신을 지방부이사관으로 승진임용하라는 신청을 하였으나 乙은 아무런 응답을 하지 않았다. 이에 甲은 관할 행정법원에 부작위위법의 소를 제기하였다. 부작위위법확인소송에서 인용판결이 확정된 후, 乙이 승진임용거부처분을 하였다면 甲은 간접강제를 신청할 수 있는가?

설문

A회사에 근무하는 근로자들은 사용자와의 임금인상에 관한 문제를 해결하고 근로조건의 개선을 도모하고자 A회사에 노동조합을 조직하고 관할시장 Z에게 설립신고서를 제출하였다. 이에 관할시장 Z은 A회사 노조가 노동조합(이하 'A노조'라 한다) 설립신고서에는 '사용자 또는 항상 그의 이익을 대표하여 행동하는 자를 조합원으로 가입시킬 수 있다'고 명시되어 있고, 이는 「노동조합 및 노동관계조정법」제2조 제4호 가목 해당한다는 이유로 甲의 설립신고서를 반려하였다. 만약 A노조가 Z의 반려행위에 대하여 무효확인소송을 제기하여 인용판결이 확정되었음에도 Z이 부작위하고 있는 경우에 A노조는 간접강제를 신청할 수 있는가?

행정쟁송법 정리리마인드

제50조(위원회의 직접처분) ① 위원회는 피청구인이 제49조제3항에도 불구하고 처분을 하지 아니하는 경우에는 당사자가 신청하면 기간을 정하여 서면으로 시정을 명하고 그 기간에 이행하지 아니하는 경우에는 직접 처분을 할 수 있다. 다만, 그 처분의 성질이나 그 밖의 불가피한 사유로 위원회가 직접 처분을 할 수 없는 경우에는 그러하지 아니하다.
② 위원회는 제1항 본문에 따라 직접 처분을 하였을 때에는 그 사실을 해당 행정청에 통보하여야 하며, 그 통보를 받은 행정청은 위원회가 한 처분을 자기가 한 처분으로 보아 관계 법령에 따라 관리·감독 등 필요한 조치를 하여야 한다.

위원회의 직접처분(← 2013, 2014 약술)

1 의의 및 취지(법제50조)

2 요건

1) 적극적 요건
① 처분청이 처분명령재결에도 불구하고 처분을 하지 않고 있어야 하고, ② 당사자의 신청이 있어야 한다. ③ 위원회가 기간을 정하여 행정청에게 서면으로 시정을 명하였음에도 그 기간 내에 이행하지 아니하여야 한다.

2) 소극적 요건
① 재량행위
② 자치사무
   견해의 대립이 있지만 지방자치단체의 자치사무에 관한 처분을 위원회가 직접 하는 경우에는 헌법에서 인정하고 있는 자치권을 침해할 수 있으므로 제한된다고 보는 것이 타당하다.
③ 정보비공개결정
   정보공개거부처분에 대한 행정심판절차에서 배상명령부가 위원회에 제출되지 않은 경우에는 위원회가 당해 정보에 대해 직접처분을 할 수가 없다.
④ 처분명령재결 이후 사정변경

3 직접처분에 대한 불복

1) 제3자의 불복
2) 자치사무에 대한 직접처분의 경우(후술)

4 직접처분에 따른 행정청의 후속조치

제50조의2(위원회의 간접강제) ① 위원회는 피청구인이 제49조제2항(제49조제4항에서 준용하는 경우를 포함한다) 또는 제3항에 따른 처분을 하지 아니하면 청구인의 신청에 의하여 결정으로 상당한 기간을 정하고 피청구인이 그 기간 내에 이행하지 아니하는 경우에는 그 지연기간에 따라 일정한 배상을 하도록 명하거나 즉시 배상을 할 것을 명할 수 있다.

위원회의 간접강제(← 2019 사례)

1 의의 및 취지(법제50조의 2)
인용재결의 실효성 확보

2 요건 및 절차(동조 ①, ③)
제49조②, ③의 인용재결, 지문 ×
행정소송법상 간접강제의 요건과 관련하여 대법원은 처분을 하였다 하더라도 그것이 확정판결의 기속력에 반하여 당연무효라면 간접강제신청에 필요한 요건을 갖춘 것으로 보아야 한다고 판시

3 배상명령의 효과(동조 ⑤, ⑥)

4 불복방법(동조 ④)

5 배상금의 성질
행정소송법상 배상금에 관하여 대법원은 손해배상이 아니므로 의무이행기한이 경과한 후 확정판결의 취지에 따른 재처분의 이행이 있으면 배상금을 청구할부가 판시

인용재결 또는 직접처분에 대한 피청구인의 불복	출제 가능 설문

1 문제의 소재

행정심판법 제49조는 인용재결의 기속력을 규정하고 있는데 피청구인이 인용재결을 대상으로 항고소송을 제기하는 것이 허용되는지 문제

2 학설

부정설: 행정심판법 제49조의 기속력
예외적 긍정설: 원칙은 부정, 예외적으로 지방자치단체의 자치권을 침해하는 재결의 경우에는 긍정

3 판례

대법원은 인용재결은 인용재결에 기속되어 재결의 취지에 따르는 처분의무를 부담하게 되므로 이에 불복하여 항고소송을 제기할 수 없다 할 것이며, 이 규정이 헌법상의 지방자치의 제도적 보장을 침해하는 것으로 볼 수 없다고 판시(대판 97누15432).

4 검토

예외적 긍정설
행정심판법 제49조 명문의 규정상 원칙적으로는 부정하는 것이 타당. 다만, 예외적으로 자치사무에 대하여는 긍정하는 것이 타당함. 현행상 부여된 자치권보장을 위해 타당하다. 이 경우 지방자치단체의 장은 지방자치단체를 대표하여 인용재결을 대상으로 취소를 구하는 항고소송을 제기할 수 있다.

설문

甲은 관악구의 자치사무인 출산장려수당 지급결정을 신청하였으나 관악구청장 A는 이를 거부하였다. 이에 甲은 서울시행정심판위원회에 의무이행심판을 청구하였고 서울시행정심판위원회는 결정재분명령재결(이행재결)을 하였다. 관악구청장 A는 결정재분명령재결을 대상으로 항고소송을 제기할 수 있는가?

설문

甲은 관악구의 자치사무인 출산장려수당 지급결정을 신청하였으나 관악구청장 A는 이를 거부하였다. 이에 甲은 서울시행정심판위원회에 의무이행심판을 청구하였고 서울시행정심판위원회는 결정재분명령재결(이행재결)을 하였다. 그러나 관악구청장 A는 지급결정처분을 하지 않았고 이에 甲은 위원회에 직접처분을 신청하였고 위원회는 지급결정처분을 하였다. 관악구청장 A는 위원회의 지급결정처분취소소송을 제기할 수 있는가?

설문 2013년 기출

거부처분에 대한 의무이행재결 또는 취소판결이 확정되었음에도 불구하고 행정청이 그 재결 또는 판결의 취지에 따른 처분을 하지 아니하는 경우, 당해 재결 또는 판결의 실효성 확보방안에 관하여 서술하시오.

설문 2019년 기출

A국립대학교 법학전문대학원에 지원한 甲은 A국립대학교총장(이하 'A대학 총장'이라 함께)에게 자신의 최종임학점수를 공개해 줄 것을 청구하였으나, A대학총장은 영업비밀임을 이유로 공개거부결정을 하였다. 甲이 이 결정에 불복하여 행정심판을 청구하였및고 B행정심판위원회는 이를 취소하는 재결을 내렸다. 그럼에도 불구하고 A대학총장은 위 행정심판위원회의 재결을 따르지 아니하고 甲의 최종임학점수를 공개하지 아니하고 있다. 이에 甲이 행정심판법상 취할 수 있는 실효성 확보수단을 설명하시오.

설문

甲이 행정청의 거부처분에 대하여 의무이행심판을 청구하여 부산시행정심판위원회에서 처분명령재결이 있음에도 이를 이행하지 않는 경우 甲의 행정심판법상 구제수단을 검토하시오.

39

행정쟁송법 쟁점리마인드

제28조(사정판결)

① 원고의 청구가 이유있다고 인정하는 경우에도 처분등을 취소하는 것이 현저히 공공복리에 적합하지 아니하다고 인정하는 때에는 법원은 원고의 청구를 기각할 수 있다. 이 경우 법원은 그 판결의 주문에서 그 처분등이 위법함을 명시하여야 한다.

② 법원이 제1항의 규정에 의한 판결을 함에 있어서는 미리 원고가 그로 인하여 입게 될 손해의 정도와 배상방법 그 밖의 사정을 조사하여야 한다.

③ 원고는 피고인 행정청이 속하는 국가 또는 공공단체를 상대로 손해배상, 제해시설의 설치 그 밖에 적당한 구제방법의 청구를 당해 취소소송 등이 계속된 법원에 병합하여 제기할 수 있다.

사정판결(← 2015 약술)

1 의의 및 취지

2 요건

3 처분의 위법성과 필요성 판단시기

4 사정판결의 필요성과 주장, 입증책임

5 사정판결의 효과

6 법원의 직권가능여부

1) 문제의 소재 : 피고인 행정청의 신청이 필요한지, 법 제26조
2) 학설 : 변론주의보충설 vs 직권탐지주의설
3) 판례 : 법원은 사정판결을 할 필요가 있다고 인정하는 때에는 당사자의 명백한 주장이 없는 경우에도 일건 기록에 나타난 사실을 기초로 하여 직권으로 사정판결을 할 수 있다(대판 95누4629).
4) 검토 : 생각건대 행정소송법 제28조는 사정판결을 하기 위하여 피고의 신청이 필요하다는 규정이 없고 행정소송법 제26조는 직권탐지주의로 해석하는 것이 타당하므로 법원이 직권으로 사정판결을 할 수 있다고 보는 것이 타당하다.

7 적용범위(무효확인 X, 부작위위법확인 X)

8 관련 판례

1) 사정판결 인정
   조합원 90% 이상이 사업에 찬성, 도로불인가 사건 등
2) 사정판결 부정
   감사징계처분취소, 신규버스면허취소 사건 등

취소소송과 무효등확인소송과의 관계

1 무효선언적 의미의 취소소송(제소기간, 심판전치 충족여부)

1) 학설
   ① 긍정설 : 소송행식이 취소소송이라면 행정소송법상 행정심판전치주의, 제소기간 등 취소소송의 소송요건을 필요
   ② 부정설 : 무효선언을 구하는 의미의 취소소송의 실질은 무효확인소송에 해당. 취소소송요건 불요

2) 판례
   행정처분의 당연무효를 선언하는 의미에서 그 취소를 구하는 행정소송을 제기하는 경우에는 전치절차와 그 제소기간의 준수 등 취소소송의 제소요건을 갖추어야 한다(대판 87누219).

3) 검토
   생각건대 처분의 위법여부는 물론 무효인지 취소의 대상인지는 법원의 심리가 끝나야 알 수 있는 것이므로 소송형식이 취소소송이라면 취소소송의 소송요건을 갖추어야 한다고 보는 것이 타당하다.

2 취소사유에 해당하는 처분에 대해 무효확인소송을 제기한 경우(← 2018 사례)

1) 취소소송의 제기요건을 갖추지 못한 경우
   기각판결

2) 취소소송의 제기요건을 갖춘 경우
   ① 학설
      ㉠ 소변경필요설 : 법원이 석명권을 행사, 취소소송으로 변경 후 취소판결
      ㉡ 취소판결설 : 소변경 없이 취소판결 가능
   ② 판례
      일반적으로 행정처분의 무효확인을 구하는 소에는 원고가 그 처분의 취소를 구하지 아니한다고 밝히지 아니한 이상 그 처분이 만약 당연무효가 아니라면 그 취소를 구하는 취지도 포함되어 있는 것으로 보아야 한다(대판 94누477).
   ③ 검토
      법원이 취소판결을 할 수 있다고 보는 것이 타당.

메모

출제 가능 설문

설문

A시와 B시 구간의 시외버스 운송사업을 하고 있는 甲은 최근 자가용이용의 급증으로 시외버스 운송사업을 하는데 상당한 어려움에 처해 있다. 그런데 관할행정청 Z는 甲이 운영하는 노선에 대해 인근에서 대규모 운송사업을 하고 있던 乙에게 새로운 시외버스 운송사업면허를 발급하였다. 이에 甲은 乙에 대한 면허취소소송을 제기하려 했으나 乙에 대한 시외버스 운송사업면허처분에 위법사유가 발견되었음에도 이미 많은 시민들이 乙이 운영하는 버스를 이용하고 있다는 이유로 기각판결을 선고할 수 있는지 검토하시오.(피고의 사정판결 신청은 없음)

설문

국민권익위원회는 甲이 국민권익위원회법에 따른 신고 후 이 사건 징계요구와 관련한 신분보장조치를 요구하였으므로 국민권익위원회법 제63조에 따라 甲이 사건 신고와 관련하여 불이익을 당한 것으로 추정되는 이유로 甲의 소속기관의 장이 정기도 선거관리위원회 위원장 乙에게 '甲에 대한 이 사건 징계요구에 대한 이 사건 징계요구를 취소하고, 향후 신고로 인한 신분상 불이익처분 및 근무조건상의 차별을 하지 말 것을 요구하는 내용의 조치요구를 하였다. 이에 甲이 제기한 조치요구 취소소송에서 법원은 乙의 청구가 이유 있음에도 불구하고 기각판결을 선고할 수 있는지 검토하시오.

2018년 기출

설문

건축사업자 甲은 X시장으로부터 건축허가를 받아 건물의 신축공사를 진행하던 중 건축법령상의 의무위반을 이유로 X시장으로부터 공사중지명령을 받았다. 甲은 해당 법령위반이 있지 않았다고 판단하고, 공사중지명령처분을 위반한다고 주장하며 공사중지명령 무효확인소송을 제기하였다. 법원은 사건의 심리결과 해당 처분에 '중대한' 위법이 있음이 인정되지만 '명백한' 위법은 아닌 것으로 판단하였다. 법원은 어떠한 판결을 내려야 하는지 설명하시오.

설문

수입식품이 甲에게 부과한 국세처분은 법률상 근거 없이 이루어진 처분으로서 하자가 중대하고 명백하여 당연무효에 해당하는 것이었다. 그런데 甲은 1년이 지나서 행정심판을 거치지 아니하고 이러한 취소소송을 제기한 경우 법원은 취소판결을 선고할 수 있는가?

행정쟁송법 쟁점리마인드

제4조(항고소송) 항고소송은 다음과 같이 구분한다.
2. 무효등 확인소송 : 행정청의 처분과 재결의 효력 유무 또는 존재여부를 확인하는 소송

제35조(무효등 확인소송의 원고적격)
무효등 확인소송은 처분등의 효력 유무 또는 존재 여부의 확인을 구할 법률상 이익이 있는 자가 제기할 수 있다.

제38조(준용규정)
① 제9조, 제10조, 제13조 내지 제17조, 제19조, 제22조 내지 제26조, 제29조 내지 제31조 및 제33조의 규정은 무효등 확인소송의 경우에 준용한다.

확인의 이익과 확인판결의 기속력

1 무효확인판결의 기속력
결과제거의무

2 무효확인소송의 보충성 적용여부

1) 문제의 소재
확인을 구할 의미와 관련, 민사소송에서의 확인의 이익, 즉 보충성이 적용되는지가 문제

2) 학설
① 보충성 긍정설 : 확인의 판결 후 다시 이행소송을 제기하여야 집행력이 발생
② 보충성 부정설 : 제38조제1항은 제30조의 취소판결의 기속력규정을 준용, 보충성 요구 명문의 규정 없음

3) 판례
행정소송은 민사소송과는 목적, 취지 및 기능 등을 달리하고 무효확인소송의 보충성을 규정하고 있는 외국의 일부 입법례와 달리 우리나라 행정소송법에는 명문의 규정이 없어 이로 인한 명시적 제한이 존재하지 않는다(대판 2007두6342 전원합의체).

4) 검토
보충성 부정설, 결과제거의무

무효 등 확인소송 (→ 2017 준사례)

1 변론주의 VS 직권탐지주의

2 주장책임 및 입증책임

3 취소소송의 입증책임
1) 문 2) 학 3) 판 4) 검 : 법률요건분류설

4 무효확인소송의 입증책임

1) 문제의 소재
처분의 무효원인사실에 대한 입증책임문제에 관한 견해의 대립

2) 학설
① 법률요건분류설 : 하자의 중대명백성은 법해석 내지 경험칙 이하에 의하여 판단될 사항
② 원고책임설 : 하자의 중대명백성은 예외적인 경우 제소기간의 제한이 없어 증거가 멸실되는 경우도 있기 때문에 원고가 입증

3) 판례
행정처분의 당연무효를 구하는 소송에 있어서 그 무효를 구하는 사람에게 그 행정처분에 존재하는 하자가 중대하고 명백하다는 것을 주장 입증할 책임이 있다.

4) 검토
처분의 하자의 존재 여부에 대한 요건사실에 대한 입증과 달리 처분의 위법성의 정도 즉, 하자의 중대명백성은 법원 스스로 법해석 내지 경험칙에 의하여 판단하는 것이 타당하므로 입증책임이 일반적인 법률요건분류설에 의하여 판단되는 것이 타당하다.

무효 등 확인소송 (→ 2018 사례)

1 문제의 소재
무효등 확인소송에 행정소송법 제28조의 사정판결이 준용되지 않고 해석상 사정판결이 허용되는지 문제

2 학설
① 긍정설 : 처분의 무효와 취소의 구별이 상대적 무효인 처분도 사실상 공익이 형성
② 부정설 : 사정판결은 법치주의의 예외 극히 예외적으로만 인정

3 판례
당연무효의 행정처분을 소송목적물로 하는 행정소송에서는 존치시킬 효력이 있는 행정행위가 없기 때문에 행정소송법 제28조 소정의 사정판결을 할 수 없다(대판 95누5509).

4 검토
행정소송법은 무효등 확인소송에 사정판결을 준용하고 있지 않은 점, 사정판결은 법치주의의 예외로서 엄격한 제한 아래 극히 예외적으로만 인정되어야 하므로 부정하는 것이 타당.

출제 가능 설문

사건 대법원 2007두6342 [하수도원인자부담금부과처분취소]

甲은 ****조례 제17조 제1항 제2호 (나)목 (1)에서 정한 타행위자인 한국토지공사로부터 이 사건 토지를 매수하여 그 위에 이 사건 건물을 신축하였다. 이에 수원시장 A는 *****조례 A는 매에게 10억원의 하수도원인자부담금 부과처분을 하였고 甲은 이를 납부하였다. 그 후 甲은 자신이 납부한 10억원을 돌려받기 위하여 하수도원인자부담금부과처분의 무효확인소송을 제기할 수 있는가?

설문

A시와 B시 구간의 시외버스 운송사업을 하고 있는 甲은 최근 자가용이용의 급증으로 시외버스 운송사업을 하는데 상당한 어려움에 처해 있다. 그런데 관할행정청 X는 甲이 운영하는 노선에 대해 인근에서 대규모 운송사업을 하고 있던 乙에게 새로운 시외버스 운송사업면허를 발급하였다. 이에 甲은 乙에 대한 면허처분이 무효에 해당하거나 무효로 인정될 것으로 기각판결을 선고받을 수 있는지 검토하시오.

2021년 기출

증기계를 생산하는 제조회사에 근무하는 甲은 공정 등이 업무상 사고로 인하여 상해를 입었음을 이유로 근로복지공단으로부터 휴업급여와 장해급여 등의 보험금정을 받았다. 그 후 근로복지공단은 甲이 실제 상해를 입지 않았음에도 허위로 지급신청 서류를 작성하여 급여지급결정 등 사실을 들어 甲에 대한 급여지급결정을 취소하였고, 甲에 지급결정이 취소 처분서를 2021. 1. 7. 직접 수령하였다. 이와 함께 근로복지공단은 이미 甲에게 지급된 급여에 해당하는 금액을 부당이득으로 징수하였다. 한편, 甲은 이 급여지급결정 취소처분이 위법함을 이유로 2021. 5. 7. 급여지급결정 취소처분에 대한 입증책임은 누가 부담하는가?

위 무효확인소송에서 급여지급결정 취소처분이 무효라는 점에 대한 입증책임은 누가 부담하는가?

설문

관할 행정청 A는 폐기물처리업허가신청권한을 B에게 내부위임을 하였는데 甲이 폐기물처리업허가신청에 대하여 B는 자신의 명의로 허가를 하였고 이에 폐기물처리시설공사에 착수하였다.

1. 환경영향평가구역 내에 있는 인근 주민 乙은 허가무효확인소송을 제기하였는데 乙은 소송계속 중 폐기물처리 시설공사가 완료 되었다. 법원은 乙의 청구가 이유 불구함에 있음에도 기각판결을 선고할 수 있는가?
2. 만약 乙의 관할 행정청 A에게 폐기물처리시설에 대한 철거 등 원상복구조치를 신청하였는데 A가 거부처분을 하였고 乙이 거부처분무효확인소송을 제기하여 인용판결이 확정되었음에도 A가 원상복구조치를 하지 않아 乙이 간접강제를 신청하였다면 법원은 간접강제결정을 내릴 수 있는가?

행정쟁송법 쟁점리마인드

제2조(정의) ① 이 법에서 사용하는 용어의 정의는 다음과 같다.
2. "부작위"라 함은 행정청이 당사자의 신청에 대하여 상당한 기간 내에 일정한 처분을 하여야 할 법률상 의무가 있음에도 불구하고 이를 하지 아니하는 것을 말한다.

제37조(소의 변경) 제21조의 규정은 무효등 확인소송이나 부작위위법확인소송을 취소소송 또는 당사자소송으로 변경하는 경우에 준용한다.

제38조(준용규정) ② 제9조, 제10조, 제13조 내지 제19조, 제20조, 제25조 내지 제27조, 제29조 내지 제31조, 제33조 및 제34조의 규정은 부작위위법확인소송의 경우에 준용한다.

부작위의 성립요건 ➡ 2014 약술, 2020 사례

1 당사자의 신청이 있을 것

1) 문제
   신청권 필요?

2) 학설
   ① 원고적격설 ② 대상적격설 : 신청권 필요
   ③ 본안문제설

3) 판례
   대법원은 법규상 신청권이 없다면 원고적격이 없거나 항고소송의 대상인 부작위라고 볼 수 없다고 판시하였다.

4) 검토
   생각건대 부작위가 성립하기 위해서는 행정청의 처분의무가 있어야 하므로 법규상 조리상 신청권이 필요

5) 신청권 유무 판단기준 및 내용
   대법원은 신청권의 존부는 구체적 사건에서 신청인이 누구인가를 고려하지 않고 일반 국민에게 그러한 신청권을 인정하고 있는가를 추상적으로 결정되는 것이고, 신청인이 그 신청에 따른 단순한 응답을 받을 권리를 넘어서 신청의 인용이라는 만족적 결과를 얻을 권리를 의미하는 것은 아니라고 판시하였다.

※ 사례 : 협의의 행의개념, 행정행위발급, 무하자재량행사청구권 논의

2 상당한 기간의 경과

3 처분을 할 법률상 의무

4 처분의 부존재

부작위위법확인소송의 심리 범위(기속력의 내용)

1 부작위위법확인판결의 기속력
재처분의무

2 부작위위법확인소송의 심리 범위

1) 문제의 소재
   부작위위법확인판결의 경우 행정소송법 제30조제2항이 준용되어 행정청은 재처분의무가 발생, 재처분의무의 내용이 법원의 심리범위와 관련하여 문제

2) 학설
   ① 절차적 심리설
      법원의 심판대상은 부작위의 위법성, 행정청이 행할 처분의 구체적 내용까지는 심리·판단 못함.
   ② 실체적 심리설
      부작위의 위법여부뿐만 아니라 행정청이 특정 작위의무의 존재까지도 심리·판단 가능

3) 판례
   부작위위법확인의 소는 행정청이 법률상의 응답의무가 있음에도 불구하고 이를 하지 아니하는 경우, 그 부작위의 위법을 확인함으로써 행정청의 응답을 신속하게 하여 부작위 내지 부응답이라는 소극적인 위법상태를 제거하는 것을 목적으로 하는 것이다(대판 2000두4750).

4) 검토
   실체적 심리설에 따르게 되면 부작위위법확인소송은 의무이행소송화 되어 부작위위법확인소송 자체는 행해되는 문제가 있으므로 절차적 심리설이 타당.

부작위 ➡ 거부처분취소소송 변경

1 문제의 소재
22조 준용 x, 21조 취지?

2 학설
① 부정설은 법제21조 소송의 종류를 잘못 선택한 경우에만 적용된다고 보나, ② 긍정설은 제21조 소변경제도의 취지에 비추어 허용된다는 입장이다.

3 판례
대법원은 당사자가 동일한 신청에 대하여 부작위위법확인의 소를 제기하였으나 그 후 거부처분취소소송으로의 소변경신청에 대하여 허가결정을 하였다.

4 검토
생각건대 국민의 권리구제의 실효성에 비추어 긍정하는 것이 타당하다. 따라서 부작위위법확인소송이 법원에 계속 중 행정청이 거부처분을 한 경우에는 거부처분취소소송 또는 무효확인소송으로 소변경이 가능하다.

출제 가능 설문

설문 2020년 기출

A시 시장인 乙은 甲에서 A시에서 진행하고 있는 공사가 관련 법령을 위반하였다는 이유로 해당 공사를 중지하는 명령을 내렸다. 甲은 그 명령 이후에 그 원인사유가 소멸하였음을 들어 乙에 대하여 공사중지명령의 철회를 신청하였다. 그러나 乙은 그 원인사유가 소멸되지 않았다고 판단하여 甲의 신청에 대하여 아무런 응답을 하지 않고 있다. 乙의 행위가 위법한 부작위에 해당하는지에 대하여 설명하시오.

설문

甲은 2005. 9. 30. 광주광역시 소청심사위원회에 甲의 의사에 반하는 불리한 부작위를 대상으로 소청심사를 청구하였으나 2006. 2. 20. 기각되었다. 이에 甲은 2006. 3. 8. 乙을 피고로 하여 관할 행정법원에 부작위위법확인의 소를 제기하였다. 乙 승진임용거부처분이 확정된 후, 乙이 승진임용거부처분을 하였다면 甲은 간접강제를 신청할 수 있는가?

설문

甲은 공인노무사 시험에 최종합격한 후 공인노무사법 제5조의 2에 따른 연수교육을 모두 이수한 후에 공인노무사로서 직무를 수행하기 위하여 2015. 12. 1.에 고용노동부장관(이하 '乙'이라 한다)에게 따른 등록신청을 하였다. 甲이 등록신청을 받은 乙은 연수교육을 이수하지 않았다고 생각하고 부작위하고 있어 甲은 등록신청에 부작위되었음에도 乙의 거부처분을 할 수 있는지, 설령도 부작위에 대하여 인용판결이 확정되었음에도 乙의 거부처분을 할 수 있는지?

설문

甲은 인터넷 포털사이트 등의 개인정보 유출사고로 자신들의 주민등록번호 등 개인정보가 불법 유출되자 이를 이유로 관할 구청장 乙에게 주민등록번호 변경해 줄 것을 신청하였으나 구청장 乙은 '주민등록법상 주민등록번호가 불법유출된 경우에도 주민등록번호 변경제도가 존재하지 않으므로 허용되지 않는다'고 생각하고 상당한 기간이 경과하였음에도 아무런 응답을 하지 않고 있다. 甲은 부작위위법확인소송을 제기할 수 있는가?

설문

A회사에 근무하는 근로자들은 사용자와의 임금인상에 관한 문제를 해결하고 근로조건의 개선을 도모하고자 A회사에 노동조합을 조직하고 관할시장 乙에게 설립신고서를 제출하였다. 그런데 관할시장 乙은 상당한 기한이 경과하였음에도 수리여부에 대한 응답을 하지 않았다. 이에 A노조는 부작위위법확인소송을 제기하였는데 소송 계속 중 乙은 거부처분을 하였다. 이 경우 A노조는 거부처분취소소송으로 소변경신청을 할 수 있는가?

설문 2014년 기출

부작위위법확인소송이 본안에서 판단 요건으로서 부작위의 의의와 성립요건을 설명하시오.

부관의 독립쟁송가능성

학설

① 부담과 기타 부관을 구분하는 입장
부관 중 처분성이 인정되는 부담은 부진정일부취소소송의 형태로, 기타 부관은 부진정일부취소소송의 형태

② 분리가능성을 기준으로 보는 견해
분리가능성이 있는 부관 중 처분성이 있는 부관은 진정일부취소소송의 형태로, 처분성이 인정되지 않는 기타 부관은 부진정일부취소소송의 형태

③ 모든 부관에 대하여 인정하는 견해
분리가능성은 독립취소가능성의 문제이고 쟁송의 허용성 문제는 아니므로 부담을 포함하여 모든 부관에 대하여 쟁송이 가능하고 쟁송형태는 부관의 성질상 진정하고 부진정일부취소소송이 모두 부진정일부취소송의 형태로 제기할 수 있다고 한다.

판례

대법원은 부관의 독립쟁송대상성에 관하여는 '행정행위의 부관은 부담을 제외하고는 독립하여 행정소송의 대상이 될 수 없다'고 판시하였고, 부관의 쟁송형태에 관하여는 '부담부 행정행위에 있어서 부담의 이행으로서 하게 된 사법상 매매 등의 법률행위는 그 부담을 취소하는 행정쟁송을 청구하는 허용되지 않는다'고 판시하였다.

검토

생각건대 항고소송의 대상은 처분에 해당하여야 하므로 독립된 처분성을 가진 부담만 독립하여 항고소송의 대상이 된다고 보는 것이 타당하고, 부담이 경우에는 진정일부취소소송이 가능하지만 기타 부관의 실효적 권리구제에 비추어 부진정일부취소소송이 가능하다고 보는 것이 타당하다. 다만, 판례에 따르면 부진정일부취소소송은 허용되지 않을 것이다.

부관의 독립취소가능성

학설

① 주된 행정행위가 기속행위인 경우에만 부관의 취소를 인정할 수 있다는 견해

② 분리가능성을 기준으로 부관이 주된 행정행위의 본질적인 요소가 아닌 경우에만 취소할 수 있다는 견해

③ 부관이 위법하면 부관만 언제라도 취소할 수 있다는 견해

판례

도로점용허가의 점용기간은 행정행위의 본질적인 요소에 해당한다고 볼 것이어서 부관인 점용기간을 정함에 있어서 위법사유가 있다면 도로점용허가 처분 전부가 위법하게 된다고 할 것이므로 이 사건 도로점용허가를 한 것은 전체가 위법하게 된 것이다(대판 84누604).

검토

① 설은 기속행위에는 부담을 붙일 수 없고 붙여도 무효라는 판례의 입장에 따를 때 실익이 존재하지 않고 ②설도 대부분의 주된 행정행위의 본질적 요소가 대부분이므로 국민의 권리구제에 미흡하다. 따라서 부진정일부취소소송을 인정하여 부담이 위법하면 부관만을 취소하는 것이 타당하다. 왜냐하면 행정청은 취소판결의 기속력에 반하지 않는 범위 내에서 부관을 부과할 수 있기 때문이다. 다만, 판례에 의하면 부담 이외에는 부관부 행정행위 전체를 취소할 것이다.

조건과 부담의 구별

1 부관의 의의 및 종류

주된 행정행위의 종된 규율
조건, 기한, 부담

2 조건과 부담의 구별기준

'예 : 5억원 납부는 정지 방생여부가 불확실한 사실로서 정지조건인지 독립한 의무를 발생시키는 부담인지 문제되나, 행정청의 객관적 의사가 불분명한 경우에는 B에게 유리한 부담으로 보는 것이 타당하다. 대법원도 구별에 애매한 경우에는 부담이라고 판시하였다.

출제 가능 설문

설문

A시장은 B에 대하여 도로점용허가를 함에 있어서 점용기간을 1년으로 하고 매월 10만원의 점용료를 납부할 것을 부관으로 붙였다. 이에 관한 다음 물음에 답하시오.

(1) B는 도로점용허가에 붙여진 부관부분에 대해 다투고자 하는 경우에 부관만을 독립하여 행정소송의 대상으로 할 수 있는지 및 그 형태에 관하여 서술하시오.
(2) 부관을 다투는 소송에서 본안심리의 결과 부관이 위법하다고 인정되는 경우에 법원은 독립하여 부관만을 취소하는 판결을 내릴 수 있는가?

설문

건축업자 A는 공사시행을 위하여 Y시장에게 도로점용허가를 신청하였고, Y시장은 2006.11.23. 소정의 기간을 붙여 점용허가를 하였다. 그 기간 만료 후 A는 공사가 아직 완료되지 않아 새로이 점용허가를 신청하였다. 만약 Y시장이 새로이 점용허가를 하면서 기간을 지나치게 짧은 1년으로 정한 경우 A의 행정소송상의 구제방법은?

행정쟁송법 쟁점리마인드

청구의 포기·인낙 허용여부

1 의의

청구의 포기라던 원고가 본안에 대해 자기의 소송상 청구가 이유 없음을 인정하는 일방적 의사표시를 말하며, 청구의 인낙이란 피고가 본안에 대해 원고의 청구가 이유 있음을 인정하는 일방적 의사표시를 말한다.

2 항고소송에서 인정여부

1) 문제의 소재
취소소송은 민사소송과 달리 개인의 권리구제 외에도 공익과 관련

2) 학설
① 부정설 : 법치행정의 원리
② 긍정설 : 취소소송에 있어서도 변론주의를 원칙

3) 검토
생각건대 법치행정의 원리 및 행정소송법 제26조에 비추어 부정

소송상 화해 인정여부

1 의의

소송상의 화해란 소송계속 중 당사자가 생의 권리관계의 주장을 서로 양보하여 소송계속을 종료하기로 하는 합의를 말하는데, 화해조서는 확정판결과 동일한 효력이 있다.

2 항고소송에서 인정여부

1) 문제의 소재
취소소송은 민사소송과 달리 개인의 권리구제 외에도 공익과 관련

2) 학설
① 부정설 : 법치행정의 원리, 타협의 대상 ×
② 긍정설 : 취소소송에 있어서도 원고의 처분권주의, 행정청의 처분권한

3) 행정소송실무
최근 서울행정법원은 항고소송 중 영업허가취소처분취소소송 계속 중 원고의 법위반사유가 영업정지에 해당하는 것이 판명된 경우에 피고 행정청에게 영업정지를 권유하고 이에 따라 행정청이 영업정지처분으로 변경하고 원고는 소를 취하하는 방식으로 소송상 화해를 활용하고 있다. 파면처분취소소송에서 해임으로 변경하거나 과징금부과소송에서 과징금을 감액하는 경우에도 동일한 방식으로 분쟁을 해결하고 있다.

4) 검토
생각건대 기속행위의 경우에는 허용되지 않지만 재량행위의 경우에는 행정청이 처분권한을 가지고 있고 원고 역시 화해의 내용을 받아들인다면 비용과 시간이 많이 드는 소송의 문제점에 비추어 허용할 필요가 있다.

이의신청과 행정심판의 구별(← 2020 사례)

Ⅰ 서설

Ⅱ 의의 및 결정의 처분성

Ⅲ 구별기준
1. 사법절차의 준용여부
2. 심판기관의 차이

Ⅳ 구별의 필요성
1. 심판청구의 가능성
2. 심판청구 및 제소기간의 기산점
  1) 원칙
  2) 재조사결정
  3) 행정기본법 신설
3. 처분사유의 추가·변경
  1) 의의 및 허용여부
  2) 심판
  3) 이의신청(판례 : 신세)

Ⅴ 결어

심판재결의 종류

Ⅰ 재결의 의의 및 성질

Ⅱ 행정심판의 공통적인 재결
1. 각하재결
2. 기각재결

Ⅲ 사정재결

Ⅳ 인용재결
1. 취소심판
2. 무효등확인심판
3. 의무이행심판
  1) 의의 및 종류
  2) 위법 내지 부당의 판단기준시
    ① 문제점
    ② 학설
    ③ 검토
  3) 인용재결의 내용
    ① 기속행위의 경우
    ② 재량행위의 경우
  4) 처분재결과 처분명령재결의 우선순위의 문제

심판재결의 효력

Ⅰ 의의 및 성질

Ⅱ 일반적 효력
1. 불가쟁력
2. 불가변력

Ⅲ 인용재결의 효력
1. 형성력
2. 기속력
  1) 의의
  2) 기속력의 내용
    ① 반복금지효
    ② 결과제거의무
    ③ 재처분의무
      ㉠ 변경명령재결
      ㉡ 거부처분취소재결
      ㉢ 처분명령재결
      ㉣ 절차하자자분 취소재결
  3) 기속력의 범위
    ① 주 ② 객 ③ 시

Ⅳ 기속력 확보수단
1. 직접처분
2. 신설된 간접강제

Ⅴ 인용재결에 불복허용여부

Ⅵ 기판력 부존재

49

행정쟁송법 쟁점리마인드

당사자소송 (← 2019 약술)

I 의의 및 구별

II 당사자소송의 종류

1. 실질적 당사자소송
   1) 처분등을 원인으로 하는 법률관계에 관한 소송
   2) 기타 공법상 법률관계에 관한 소송
   3) 관련판례
      ① 항고소송을 인정한 경우
         민주화, 퇴직연금거부, 진료비지급거부
      ② 당사자소송을 부정한 경우
         광주, 소방공무원, 연가보상비

2. 형식적 당사자소송
   1) 의의 및 필요성
   2) 해석상 인정여부
      ① 학설
      ② 판례
      ③ 검토

III 소송요건

당사자적격 피고 제소기간 재판관할

IV 민사소송법 등의 준용(8조2항)

1. 준용범위
2. 민사집행법상 가처분 준용
3. 민사소송법상 확인소송의 보충성 준용

형식적 당사자소송

1 형식적 당사자소송의 의의 및 종류

실질은 처분 다툼, 토지보상법상 보상금증감청구소송

2 해석상 형식적 당사자소송 인정 여부

1) 학설
   ① 부정설: 행정행위의 공정력을 당사자소송으로 배제할 수 있다는 것도 문제
   ② 긍정설: 의무이행소송을 인정하고 있지 않으므로 분쟁의 일회적 해결

2) 판례
   공무원연금공단에 급여지급을 신청하여 공무원연금공단이 이를 거부하거나 일부 금액만 인정하는 급여지급결정, 그 결정을 대상으로 항고소송을 제기하여 구체적인 권리가 발생하지 않은 상태에서 곧바로 공무원연금공단을 상대로 한 당사자소송으로 권리의 확인이나 급여의 지급을 소구하는 것은 허용되지 아니한다(대판 2014두43264).

3) 검토
   처분은 항고소송의 대상. 명문의 규정이 없는 한 부정 타당.

★ **당사자소송에의 민사집행법상 가처분 준용여부**

대법원은 당사자소송에 대하여는 행정소송법 제8조 제2항에 따라 민사집행법상 가처분에 관한 규정이 준용되어야 한다(대판 2015무26).

★ **당사자소송 중 확인소송의 보충성 요구**

침해된 금료지급청구권이나 사실상의 명예를 회복하는 수단은 바로 급료의 지급을 구하거나 명예훼손을 전제로 한 손해배상을 구하는 등의 이행청구소송으로 직접적인 권리구제방법이 있는 이상 재용제(再用除)확인소송으로 적절한 권리구제수단이라 할 수 없어 확인소송의 또 다른 소송요건을 구비하지 못하고 있다(대판 95재다199 전원합의체 판결).

객관소송

I 의의

II 종류

1. 민중소송(법제3조제3호)
   1) 의의
   2) 종류
2. 기관소송(법제3조제4호)
   1) 의의
   2) 종류

III 당사자적격

1. 원고적격
2. 피고적격

IV 재판관할

V 적용법규

1. 취소소송에 관한 규정 준용(법제46조제1항)
2. 무효등확인소송 및 부작위위법확인소송 구성의 준용(법제46조제2항)
3. 당사자소송 구성의 준용(법제46조제3항)

VI 관련판례

1. 선거관리위원회위원장 및 소방청장 사건(기관소송 X)
2. 명문규정이 없는 민중소송 인정여부(대한의사협회 인고적 X)

출제 가능 설문

설문
공인노무사 甲은 관악구 내에 나대지 1,000㎡를 소유하고 있는데 사업시행자인 관악구는 甲의 토지를 포함하여 그 일대를 공원으로 조성하기로 하고 지방토지수용위원회에 수용재결을 신청하였고 이에 지방토지수용위원회는 甲의 토지전부에 대하여 '10억원'에 수용한다'라는 수용재결을 하였고 이에 중앙토지수용위원회에 이의신청을 하였으나 기각되었다. 이에 甲은 수용자체는 반대하지 않지만 보상액만 더 받고 싶다고 생각하는 경우에 제기하는 소송에 대하여 검토하시오.

설문
국가공무원으로서 10년 이상 근무 중인 甲은 소속 기관장의 허가없이 공무 외에 영리를 목적으로 하는 업무에 종사하다가 적발되었다. 이에 임용권자는 적법한 절차를 거쳐 甲을 해임하였다. 甲은 해임처분에 대하여는 불복을 포기하고 공무원연금 관리공단에 퇴직연금을 신청하였으나 공무원연금관리공단은 이를 거부하였다. 이에 甲은 본래로 공무원연금관리공단(이하 '공단'이라 한다)을 상대로 퇴직연금지급거부를 당사자소송으로 제기할 수 있는가?

설문
甲은 2010. 6. 실시된 지방선거에서부터 2018. 6. 실시된 지방선거에서까지 세 차례 연속하여 A시의 시장으로 당선되어 2022. 6.까지 12년간 연임하게 되었다. 甲의 후원회 회장 乙은 자신이 운영하는 주유소 확장 공사를 위하여 보도의 일부분을 점하는 도로점용허가를 신청하였고, 甲은 이를 허가하였다. A시의 주민 丙은 甲이 도로 본래의 기능과 목적을 침해하는 과도한 범위의 도로점용을 허가하였다고 주장하며, 이 도로점용허가(이하 '이 사건 허가'라 한다)에 대하여 다투고자 한다. 시장 甲의 乙에 대한 '이 사건 허가'에 대하여 주민 丙이 다툴 수 있는 행정소송상 구제방법을 검토하시오.

설문
국세체납자인 甲의 주민들이 압소되어 독촉처분 등을 송달할 수가 없었다. 이에 국가가 甲에 대한 조세채권의 소멸시효 중단을 위한 행정소송상 구제방법을 설명하시오.

설문
甲이 부동산의 취득으로 인한 취득세 및 농어촌특별세의 납세의무부존재확인소송을 제기하려한다. 이러한 납세의무부존재확인소송의 법적 성질에 관하여 설명하시오.

설문
인사권자 甲은 공무원 乙에 대하여 파면처분을 하였는데 동 파면처분은 당연무효에 해당한다. 이 경우 乙은 공무원지위확인소송을 제기하려고 한다. 이러한 공무원지위확인소송의 법적 성질에 관하여 설명하시오.

1. 관련청구의 이송

Ⅰ. 서설

1 의의
처분의 취소소송과 관련된 다른 소송이 각각 다른 법원에 계속된 때 법원은 당사자의 신청 또는 직권에 의해 취소소송이 계속된 법원으로 이송할 수도 있는데 이를 관련 청구의 이송이라고 한다(행정소송법제10조, 이하 '법'이라 한다).

2 제도의 취지
관련청구의 이송은 위법한 처분으로 인해 권익을 침해받는 자는 취소소송은 물론 손해배상청구소송 등을 제기할 수 있는 데 이 경우 각각 별개의 소송으로 진행되어야 한다면 소송경제상의 문제 및 동일한 처분에 대한 판결이 모순될 우려가 있으므로 이러한 문제를 해결하기 위한 제도를 말한다.

Ⅱ. 관련청구의 범위

1 당해 처분등과 관련되는 손해배상·부당이득반환·원상회복 등 청구소송(제10조제1항제1호)
예를 들면 운전면허정지처분에서 면허정지처분취소소송과 손해배상청구소송 또는 과세처분에 대한 과세처분취소소송과 취소되는 경우에 발생하는 부당이득반환청구소송 부동산압류처분취소소송과 압류등기말소청구소송 등이 이에 해당한다.

2 당해 처분등과 관련되는 취소소송(제10조제1항제2호)
대집행절차에서 계고처분취소소송과 통지처분취소소송 또는 경원자관계에서 자신의 신청에 대한 거부처분취소소송과 경원자에 대한 허가취소소송 등이 이에 해당한다.

Ⅲ. 관련청구의 이송의 요건, 효과

1 이송의 요건
① 취소소송과 관련청구소송이 각각 다른 법원에 계속 중일 것, ② 상당한 이유 즉, 관련청구 소송의 경우 당연히 이송되는 것이 아니고 관련청구소송이 계속 중인 법원이 이를 취소소송이 계속 중인 법원에서 심리하는 것이 상당하다고 인정하여야 하고 ③ 당사자의 신청 또는 법원의 직권에 의한 결정이 있어야 한다.

2 이송의 효과
이송요건이 충족되어 이송결정이 확정된 때에는 당해 관련청구소송은 처음부터 이송을 받은 법원에 계속된 것으로 본다.

Ⅳ. 관할법원 및 심리방법

이송된 관련청구에 대한 관할법원은 취소소송이 계속된 법원으로서 만약 이송된 관련청구가 민사사건인 경우라면 행정소송법제10조는 행정법원에 민사사건에 대한 관할권을 창설해주는 규정이다. 다만, 민사사건이 이송된 경우라도 민사사건의 본질이 달라지는 것은 아니므로 손해배상액이나 부당이득액 산정은 민사소송법상 엄격한 변론주의원칙이 관철되어야 한다.

Ⅴ. 이송된 관련청구소송의 판결

1 취소소송 등 주된 청구가 부적법한 경우
판례는 주된 청구가 부적법 각하되면 그에 병합된 관련청구소송도 소송요건의 흠결을 이유로 부적법하다고 판시하였는데 이러한 법리는 이송되어 병합된 경우에도 동일하다.

2 부당이득반환청구가 인용되기 위하여 취소판결이 확정되어야 하는 지 여부
판례는 부당이득반환청구가 인용되기 위해서는 그 소송절차에서 판결에 의해 당해 처분이 취소되면 충분하고 그 처분의 취소가 확정되어야 하는 것은 아니라고 판시하였다.

Ⅵ. 다른 항고소송 및 당사자소송에의 준용

관련청구의 이송제도는 무효등 확인소송(법제38조①), 부작위위법확인소송(법제38조②) 및 당사자소송과 관련청구소송이 각각 다른 법원에 계속되고 있는 경우의 이송의 경우에 준용한다(법제44조②).

Ⅶ. 행정소송법 개정안

행정소송법 개정안은 행정소송과 민사소송 사이의 소변경이나 이송을 현재보다 폭넓게 허용함으로써 국민들이 행정소송을 보다 쉽게 이용할 수 있도록 하였다.

2. 행정쟁송의 불복기간

Ⅰ. 서설

행정쟁송에는 정식 쟁송절차로서 행정소송과 약식 쟁송절차로서 행정심판이 있는 데, 각각의 쟁송유형별로 제소 내지 청구기간의 제한이 있는 경우에 이를 도과하면 더 이상 쟁송제기가 허용되지 않는 불가쟁력 등이 발생하므로 실무에서는 매우 중요하게 다루어진다.

Ⅱ. '안 날'과 '있은 날'(행소법제20조, 심판법제27조)

1. 개념

대법원은 처분이 있음을 '안 날'은 처분의 상대방이 송달, 공고 등으로 당해 처분이 있었다는 사실을 현실적으로 안 날을 의미하고, '있은 날'이란 처분이 대외적으로 표시되어 처분의 상대방이 알 수 있는 상태에 놓여진 때 즉, 도달되어 그 효력이 발생한 날을 말한다고 판시하였다.

2. 특정인에 대한 처분의 경우

대법원은 특정인에 대한 처분이 송달되어 상대방에게 도달되었다면 반증이 없는 한 상대방이 현실적으로 알았다고 추정할 수 있지만, 특정인에 대한 처분이 고시, 공고 된 경우까지 알았다고 간주되는 것은 아니라고 판시하였다.

3. 일반처분의 경우

대법원은 청소년유해매체물결정고시처분과 같은 일반처분의 경우에는 고시의 효력이 발생한 날에 불특정다수인 모두 현실적으로 알았다고 봄이 상당하다고 판시하였다.

Ⅲ. 행정소송의 제소기간

1. 취소소송

1) 행정심판을 거치지 않은 경우

행정소송법 제20조는 취소소송은 처분 등이 있음을 안 날부터 90일 이내에 또는 취소소송은 처분 등이 있은 날부터 1년을 경과하면 이를 제기하지 못한다. 다만, 정당한 사유가 있는 때에는 그러하지 아니하다고 규정하고 있는데 이 중 90일은 불변기간에 해당하므로 행소법제8조제2항에 의하여 민사소송법상의 소송행위의 추후보완이 인정된다. 90일과 1년 중 어느 하나만 지나가면 불가쟁력이 발생하는 데 1년에 대한 예외로 처분의 직접 상대방이 아닌 제3자는 처분이 있음을 모르는데 정당한 이유가 있으므로 1년이 도과한 후 알았다면 그 때로부터 90일 안에 소를 제기할 수 있다.

2) 행정심판을 거친 경우

필요적 심판전치 등 행정심판청구가 있은 때의 기간은 재결서의 정본을 송달받은 날부터 90일 또는 재결이 있은 날부터 1년 이내에 제기하여야 한다(행소법제20조①단서,②).

2. 무효등확인소송

행정소송법제38조제1항은 제20조를 준용하고 있지 않으므로 무효등확인소송은 제소기간의 제한이 없다. 다만, 대법원은 **무효를 선언하는** 의미의 **취소소송**은 형식상 취소소송이므로 제소기간, 심판전치 등 취소소송의 요건을 갖추어야 한다고 판시하였다.

3. 부작위위법확인소송

행소법제38조제2항은 법제20조를 준용하고 있는데 부작위에 대하여 의무이행심판을 거친 경우에는 제소기간의 제한이 있지만, 심판을 거치지 않은 경우라면 성질상 제소기간의 제한이 따르지 않는다.

4 당사자소송

행소법제41조는 당사자소송에 관하여 법령에 제소기간이 정하여져 있는 때에는 그 기간은 불변기간으로 한다고 규정하고 있는 데 '토지보상법(약칭)'상 보상금증감청구소송의 경우에 수용재결이 있은 후 90일, 이의재결을 거친 후에는 60일이 대표적인 예이다.

5 민중소송 및 기관소송

행소법제46조는 민중소송 또는 기관소송으로써 처분 등의 취소를 구하는 소송에는 그 성질에 반하지 아니하는 한 취소소송에 관한 규정을 준용한다고 규정하고 있으므로 이 경우에는 취소소송의 제소기간인 **법제20조의 규정이 준용**될 것이다.

Ⅳ. 행정심판의 청구기간

1 취소심판

행정심판법 제27조는 행정심판은 처분이 있음을 알게 된 날부터 90일 또는 처분이 있었던 날부터 180일이 지나면 청구하지 못한다. 다만, 정당한 사유가 있는 경우에는 그러하지 아니하다고 규정하고 있는 바, 제27조 제2항은 청구인이 천재지변, 전쟁, 사변, 그 밖의 불가항력으로 인하여 제1항에서 정한 기간에 심판청구를 할 수 없었을 때에는 그 사유가 소멸한 날부터 14일 이내에 행정심판을 청구할 수 있다고 규정하고 있는 바, 이는 불변기간인 90일에 대한 민사소송법상 소송행위의 추후보완을 행정심판법에 명문으로 규정한 것이다.

2 무효등확인심판 및 부작위에 대한 의무이행심판

심판법제27조 제7항은 심판청구기간에 관한 규정은 무효등확인심판청구와 부작위에 대한 의무이행심판청구에는 적용하지 아니한다고 규정하고 있다.

3 거부처분에 대한 의무이행심판

거부처분에 대한 의무이행심판은 처분이 있음을 알게 된 날부터 90일 또는 처분이 있었던 날부터 180일이 지나면 청구하지 못한다(법제27조).

4 오고지 및 불고지의 경우

심판법제27조제5항 및 제6항은 행정청이 심판청구 기간을 90일보다 긴 기간으로 잘못 알린 경우 그 잘못 알린 기간에 심판청구가 있으면 그 행정심판은 90일 이내에 청구된 것으로 보고 심판청구 기간을 알리지 아니한 경우에는 180일 이내에 심판청구를 할 수 있다고 규정하고 있다. 대법원은 심판법상 오고지의 효과가 취소소송 제소기간에까지 영향을 미치는 것은 아니라고 판시하였고 지방자치법상 이의제출(행정심판) 기간을 알리지 아니한 경우에는 처분이 있은 날로부터 180일 이내에 이의를 제출할 수 있다고 판시하였다.

Ⅴ. 이의신청을 거친 경우

최근 제정된 행정기본법에 의하면 이의신청을 거친 후에는 그에 대한 결과를 통보 받은 날로부터 90일 이내에 행정심판 또는 행정소송을 제기할 수 있다. 대법원은 국세부과처분에 대한 이의신청에 대하여 재조사결정이 있는 경우에는 재조사결정에 따른 후속처분이 있는 때로부터 심판청구기간 또는 제소기간이 다시 진행된다고 판시하였다.

3. 취소소송의 심리방법

Ⅰ. 의의

소송의 심리란 판결을 하기 위하여 그 기초가 되는 소송자료를 수집하는 절차를 말한다. 행정소송법은 원칙적으로 당사자주의를 채택하고 있으나 공익도 관련된 소송의 특수성을 고려하여 예외적으로 직권심리주의를 가미하고 있다.

Ⅱ. 심리의 내용

1. 소송요건심리

소송요건에 대한 심리는 법원의 직권조사사항인데 이러한 소송요건을 결하게 되면 법원은 각하판결을 한다. 소송요건은 소제기시에 구비되어야 함이 원칙이나 실질적으로는 사실심변론종결시에 구비하면 족하고 물론 상고심에서도 구비되어 있어야 한다.

2. 본안심리

소송요건을 구비한 원고의 청구를 인용할 것인지 또는 기각할 것인지를 판단하기 위하여 사건의 본안을 심리하는 과정을 본안심리라고 한다. 본안심리를 통해서 법원은 청구인용판결을 내리거나 청구기각판결을 내리게 된다. 다만 청구가 이유 있는 경우에도 사정판결과 같은 기각판결이 선고되기도 한다.

Ⅲ. 심리의 범위

법원은 사건의 심리에 있어 당해 소송의 대상이 된 처분에 관한 모든 법률문제·사실 문제에 대한 심사권을 가진다. 법원은 처분의 위법여부에 대해서 심사할 수 있을 뿐이고 재량의 당·부당에 대해서는 심사할 수 없다.

Ⅳ. 심리에 관한 원칙들

1. 원고의 처분권주의

처분권주의란 사적자치의 원칙이 소송법에 적용된 것으로 소송의 개시, 심판대상의 범위, 소송의 종결 등을 당사자의 의사에 맡기는 것을 말한다. 대법원은 원고가 청구하지 아니한 처분에 대하여 판결한 것은 처분권주의에 반한다고 판시하였다.

2. 변론주의·직권탐지주의

변론주의란 재판의 기초가 되는 소송자료의 수집·제출책임을 당사자에게 지우는 것을 말하고, 직권탐지주의란 법원이 판결에 중요한 사실을 당사자의 신청여부와 관계 없이 직접 조사하는 것을 의미한다. 우리 행정소송은 민사소송과 마찬가지로 변론주의를 원칙으로 채택하고 있다.

3. 행정심판기록제출명령(법제25조)

법원은 당사자의 신청이 있는 때에는 결정으로써 재결을 행한 행정청에 대하여 행정심판에 관한 기록의 제출을 명할 수 있고, 이러한 제출명령을 받은 행정청은 지체없이 당해 행정심판에 관한 기록을 법원에 제출하여야 한다.

4. 제26조에 의한 직권증거조사의 범위

1) 학설
  ① 변론주의보충설은 법원이 당사자의 주장, 증거를 통하여 충분한 심증을 얻기 어려운 경우에 보충적으로 직권조사할 수 있다는 입장이고 ② 직권탐지주의설은 보충적 증거조사는 물론 당사자가 주장하지 아니한 사실에 관하여도 이를 탐지할 수 있다는 입장이다.

2) 판례
  대법원은 행정소송법 제26조는 당사자주의, 변론주의에 대한 일부 예외규정일 뿐 법원이 아무런 제한 없이 당사자가 주장하지 아니한 사실을 판단할 수 있는 것은 아니고, 일건 기록에 현출되어 있는 사항에 관하여서만 직권으로 증거조사를 하고 이를 기초로 하여 판단할 수 있을 따름이라고 판시하였다.

3) 검토
생각건대 행정소송법 제26조의 명문규정, 행정소송의 목적이 국민의 권리구제는 물론 행정의 적법성 통제에도 있는 점을 고려하면 직권탐지주의를 의미하는 것으로 보는 것이 타당하다.

5 그 외의 원칙들
취소소송도 민사소송과 마찬가지로 구술심리주의, 공개주의, 쌍방심리주의, 직접심리주의가 적용된다.

V. 주장책임과 입증책임

1 주장책임
변론주의 하에서 당사자가 분쟁의 중요한 사실을 주장하지 않아 법원이 그러한 사실이 없는 것으로 취급함으로써 일방당사자가 받는 불이익을 주장책임이라고 한다. 소송요건과 같은 법원의 직권조사사항은 주장책임의 대상이 아니다. 주장책임은 입증책임과 달리 변론주의 하에서만 문제 된다.

2 입증책임
1) 의의
입증책임이란 소송심리의 최종단계에서 일정한 사실의 존부의 불확정으로 불리한 법적 판단을 받게 되는 일방당사자의 위험 또는 불이익을 말한다. 이는 사실관계가 불명확하더라도 법원은 판결의무가 있으므로 법기술적 측면에서 인정된 책임으로서 입증책임은 변론주의는 물론 직권탐지주의 하에서도 어떤 사실의 존부가 불명확한 경우에 등장하는 책임이다. 이러한 불이익을 피하기 위하여 당사자는 자신에게 유리한 사실의 존재에 관한 주장과 증거를 사실심변론종결시까지 제출하여야 한다.

2) 취소소송에서의 입증책임의 분배기준
① 문제의 소재
민사소송법과 달리 행정소송법에는 입증책임에 관한 명문의 규정이 없어 취소소송의 입증책임을 어떻게 분배할지 문제 된다.
② 학설
㉠ 공정력을 적법성 추정력으로 이해하는 원고책임설과 ㉡ 공정력은 유효성 통용력에 불과하므로 행정소송 역시 민사소송과 마찬가지로 변론주의가 원칙이므로 각자 자신에게 유리한 요건사실을 입증하도록 분배하는 법률요건분류설 및 ㉢ 행정소송에서 공익이라는 특수성을 감안하여 구체적 사건마다 입증책임을 결정하여야 한다는 독자분배설이 있다.
③ 판례
행정소송에 있어서 입증책임은 원칙적으로 민사소송의 일반원칙인 법률요건분류설에 따라 당사자 간에 분배되고 항고소송의 경우에는 그 특성에 따라 당해 처분의 적법을 주장하는 피고에게 그 적법사유에 대한 입증책임이 있다고 판시하였다.
④ 검토
생각건대 공정력은 유효성 통용력에 불과하고 독자분배설은 실제 사건에서 법률요건 분류설과 실질적인 차이가 없으므로 변론주의를 채택하는 행정소송에서도 법률요건 분류설이 타당하다.

VI. 위법성 판단 기준시점(처분시의 의미)

대법원은 항고소송에 있어서 처분의 위법 여부를 판단하는 기준시점이 처분시라고 하는 의미는 처분 당시의 법령과 사실상태를 기준으로 하여 위법 여부를 판단할 것이며 처분 후 법령의 개폐나 사실상태의 변동에 영향을 받지 않는다는 뜻이고 법원은 행정처분 당시 행정청이 알고 있었던 자료뿐만 아니라 사실심 변론종결 당시까지 제출된 모든 자료를 종합하여 처분 당시 존재하였던 객관적 사실을 확정하고 그 사실에 기초하여 처분의 위법 여부를 판단할 수 있는 것이라고 판시하였다.

4. 행정심판재결의 종류

Ⅰ. 재결의 의의 및 성질

행정심판법(이하 '법'라 한다)제2조제3호는 "재결"이란 행정심판의 청구에 대하여 행정심판위원회가 행하는 판단을 말한다고 규정하고 있는 바. 재결은 준법률행위적 행정행위로서 확인에 해당하고 준사법적 성질을 가지므로 불가변력이 발생한다.

Ⅱ. 행정심판의 공통적인 재결

1. 각하재결(법제43조제1항)

각하재결이란 행정심판의 청구요건이 결여된 경우 본안심리를 거절하는 재결로서 청구인적격이 없거나 청구기간이 도과된 경우 등에 행해진다.

2. 기각재결(법제43조제2항)

기각재결이란 본안심리의 결과 행정심판청구가 이유 없다고 인정하여 원처분 내지 부작위를 유지하는 재결을 말한다. 기각재결은 기속력이 없으므로 처분청은 원처분을 직권으로 취소 또는 변경할 수 있다.

Ⅲ. 사정재결(법제44조)

사정재결이란 위원회가 청구인의 심판청구가 이유가 있다고 인정하는 경우에도 이를 인용하는 것이 공공복리에 크게 위배된다고 인정하면 그 심판청구를 기각하는 재결을 말한다. 이 경우 위원회는 재결의 주문에서 그 처분 또는 부작위가 위법하거나 부당하다는 것을 구체적으로 밝혀야 한다. 취소심판 및 의무이행심판에 인정되고 무효등확인 심판에는 인정되지 않는다.

Ⅳ. 인용재결

1. 취소심판(법제43조제3항)

위원회는 취소심판의 청구가 이유가 있다고 인정하면 처분을 취소 또는 다른 처분으로 변경하거나 처분을 다른 처분으로 변경할 것을 피청구인에게 명한다. 인용재결 중 취소재결 및 처분변경재결은 형성재결의 성질이 있고, 처분변경명령재결은 위원회가처분청에게 처분의 변경을 명령하는 것으로서 이행재결의 성질을 갖는다. 취소재결에는 전부취소는 물론 일부취소가 포함되고 처분변경재결 및 처분변경명령재결은 불이익변경금지의 원칙(법제47조제2항)상 원처분보다 청구인에게 유리한 변경을 의미한다.

2. 무효등 확인심판(법제43조제4항)

위원회는 무효등 확인심판의 청구가 이유가 있다고 인정하면 처분의 효력 유무 또는 처분의 존재 여부를 확인한다. 따라서 처분무효·유효확인재결, 처분존재·부존재확인재결 및 <u>실효확인재결</u>이 있다.

3. 의무이행심판(법제43조제5항)

1) 의의 및 종류

위원회는 의무이행심판의 청구가 이유가 있다고 인정하면 지체없이 신청에 따른 처분을 하거나(처분재결), 처분을 할 것을 피청구인에게 명한다(처분명령재결). 처분재결은 형성재결의 성질을, 처분명령재결은 이행재결의 성질을 갖는다.

2) 위법 내지 부당의 판단기준시

① 문제의 소재

부작위의 위법, 부당은 재결시를 기준으로 판단한다. 다만, 거부처분은 판단기준시가 처분시인지, 재결시인지에 대한 견해의 대립이 있다.

② 학설

㉠ 의무이행심판 역시 항고심판으로서 위법, 부당한 처분의 사후통제절차로서 처분시를 기준으로 보는 견해와 ㉡ 의무이행심판의 취지가 재결시점에서 일정한 처분을 하는 것이 타당한지를 심리하는 것이므로 재결시를 기준으로 보는 견해가 있다.

③ 검토

생각건대 의무이행심판의 청구취지는 거부처분취소가 아니라 처분의 발급이라는 점에 비추어 재결시를 기준으로 종전의 거부처분을 유지할 지, 새로운 처분을 발급할 것인지를 결정하는 것이 타당하다.

3) 인용재결의 내용
    ① 기속행위의 경우
       청구대상인 행위가 기속행위인 경우에는 원칙적으로 청구의 대상인 특정처분을 할 것을 명하는 재결을 하거나 특정처분재결을 하여야 한다.
    ② 재량행위의 경우
       청구대상인 행위가 행정청의 재량행위인 경우에는 위원회가 청구의 대상인 특정처분을 할 것을 명하는 재결을 하거나 특정처분재결을 할 수는 없고 하자없는 재량행사를 명하는 재결을 하여야 한다.

4) 처분재결과 처분명령재결의 우선순위의 문제
   행정심판법은 처분재결과 처분명령재결의 우선순위에 관하여 명문의 규정이 없는 바, 이에 관하여 위원회가 어느 재결을 할지는 재량이라는 입장과 처분명령재결을 우선해야 한다는 입장이 있다. 생각건대 행정기관 간의 권한존중의 취지상 처분명령재결을 우선하고 이로써 목적달성이 어려운 경우에 처분재결을 하는 것이 타당하다. 실무에서 처분재결이 행해지는 경우는 거의 없다.

5. 행정심판재결의 효력

Ⅰ. 재결의 의의 및 성질

행정심판법(이하 '법'라 한다)제2조제3호는 "재결"이란 행정심판의 청구에 대하여 행정심판위원회가 행하는 판단을 말한다고 규정하고 있는 바, 재결은 준법률행위적 행정행위로서 확인에 해당하고 준사법적 성질을 가진다.

Ⅱ. 재결의 일반적 효력

1 불가쟁력

재결에 대해서 다시 행정심판을 청구할 수는 없고(법 제51조), 재결에 고유한 위법이 있는 경우에 한하여 재결에 대해 행정소송의 제기가 가능하지만(행소법 제19조단서), 이 경우에도 제소기간이 경과하면 더 이상 재결에 불복할 수 없다.

2 불가변력

재결은 준사법적 행정행위로서 확인행위에 해당하므로 비록 그것이 위법하다 하더라도 행정심판위원회 스스로 이를 취소·변경할 수 없는 효력을 말한다.

Ⅲ. 인용재결의 효력

1 형성력

형성력이란 재결 자체로 기존의 법률관계에 발생, 변경, 소멸의 효과를 가져오는 효력을 말하는바, 취소재결·변경재결·처분재결이 이에 해당한다. 형성력은 제3자에게도 발생하는데 모든 재결에 형성력이 인정되는 것은 아니고 변경명령재결이나 처분명령 재결의 경우에는 형성력이 아니라 기속력이 발생한다. 대법원도 허가취소재결이 있은 후 행정청이 행한 수리확인서 반납요구는 사실행위에 불과하다고 판시하였다.

2 기속력

1) 의의(법제49조제1항)

재결의 기속력이란 피청구인인 행정청이나 관계행정청으로 하여금 재결의 주문은 물론 이유의 취지에 따라야 할 행위의무를 발생시키는 효력을 말하는 바, 인용재결에만 인정되고 각하재결, 기각재결에는 발생하지 않는다. 따라서 처분청은 기각 또는 각하재결이 있은 뒤에도 정당한 사유가 있으면 직권으로 원처분을 취소할 수 있다.

2) 내용

① 반복금지효

인용재결이 있게 되면 행정청은 동일한 사정 하에서 동일인에게 인용재결의 주문 및 내용에 반하는 처분을 할 수 없다. 다만, 기본적 사실관계의 동일성이 없는 사유를 이유로 동일한 내용의 처분을 하는 것은 반복금지에 해당하지 않는다. 대법원도 재결에 적시된 위법사유를 보완하여 행한 새로운 부과처분은 적법하다고 판시하였다.

② 결과제거의무

취소재결의 기속력에는 해석상 결과제거의무가 포함되므로 행정청은 취소된 처분에 의하여 초래된 현재의 위법상태를 제거할 의무가 발생한다.

③ 처분의무

㉠ 변경명령재결

취소심판에서 변경을 명하는 재결(법제43조제3항)이 있으면 처분청은 당해 처분을 변경하여야 한다.

㉡ 거부처분취소재결(재처분의무 신설)

재결에 의하여 취소되거나 무효 또는 부존재로 확인되는 처분이 거부처분인 경우에 행정청은 재결의 취지에 따라 다시 이전의 신청에 대한 처분을 하여야 한다. 구법에는 명문규정이 없어 견해의 대립이 있었고 대법원은 재처분의무를 인정하였는바, 최근 법 개정으로 명문화되었다(법제49조제2항).

㉢ 처분명령재결

당사자의 신청을 거부하거나 부작위로 방치한 처분의 이행을 명하는 재결이 있으면 행정청은 지체 없이 이전의 신청에 대하여 재결의 취지에 따라 처분을 하여야 한다(법제49조제3항).

㉣ 절차에 하자 있는 처분 취소재결

신청에 따른 처분이 절차의 위법 또는 부당을 이유로 재결로써 취소된 경우에는 행정청은 적법한 절차에 따라 허가 또는 거부처분을 하여야 한다(법제49조제4항).

3) 기속력의 범위
　① 주관적 범위
　　기속력은 당사자인 행정청뿐 만 아니라, 그 밖의 모든 관계행정청에도 미친다. 여기서 그 밖의 관계행정청이란 당해 판결에 의하여 취소된 처분에 관계되는 어떠한 처분권한을 가지는 행정청, 즉 취소된 처분 등을 기초로 하여 그와 관련되는 처분이나 부수되는 행위를 할 수 있는 행정청을 모두 포함한다.
　② 객관적 범위
　　기속력은 인용재결의 실효성을 도모하기 위해 인정된 효력이므로 재결주문과 그 전제로 된 요건사실의 인정과 효력의 판단에만 미치고, 재결의 결론과 직접 관계없는 사실판단에는 미치지 아니한다. 기속력은 '재결이유에 적시된 개개의 위법사유'에 관해서 발생하므로 위원회가 위법 내지 부당이라고 판단한 것과 동일한 이유나 자료를 바탕으로 동일인에 대하여 동일행위를 하는 것을 금지할 뿐 별개의 이유를 바탕으로 동일한 처분을 하는 것은 기속력을 위반한 것이 아니다.
　③ 시간적 범위
　　견해의 대립이 있지만 의무이행심판을 제외하고는 처분의 위법성 판단 기준시는 처분시이므로 처분시까지의 위법사유에 대해서만 미친다. 따라서 처분 이후에 발생한 새로운 법령 및 사실상태의 변동을 이유로 동일한 내용의 처분을 하는 것은 기속력에 반하지 않는다.

Ⅳ. 기속력 확보수단

1 직접처분

1) 의의 및 취지
　행정심판법 제50조는 위원회는 피청구인이 처분명령재결에도 불구하고(법제49조③) 처분을 하지 아니하는 경우에는 당사자가 신청하면 기간을 정하여 서면으로 시정을 명하고 그 기간에 이행하지 아니하면 직접처분을 할 수 있다고 규정하고 있다. 행정소송법은 권력분립의 원칙상 재처분의무의 실효성확보수단으로 간접강제만을 규정하고 있으나 행정심판법은 행정의 자기통제라는 특성에 따라 직접처분을 규정한 것이다.

2) 한계
　행정심판법제50조①단서는 그 처분의 성질이나 그 밖의 불가피한 사유로 위원회가 직접 처분을 할 수 없는 경우에는 그러하지 아니하다고 규정하여 직접처분에도 한계가 있음을 규정하고 있는 데 이러한 경우에는 '재량행위', '자치사무', '정보비공개결정' 등이 해당된다.

2 간접강제

1) 의의 및 취지
　행정청이 인용재결의 기속력에 따른 재처분을 하지 않고 있는 경우에 위원회는 일정한 배상을 할 것을 명할 수 있는 바, 이를 위원회의 간접강제라고 한다(법제50조의2①). 직접처분이 제한되는 경우 및 인용재결의 실효성을 확보하기 위해 필요한 것으로 최근 행정심판법 개정으로 도입된 제도이다.

2) 요건 및 배상금의 성질
　위원회는 피청구인이 거부처분취소재결, 무효등확인재결 또는 의무이행재결에 따른 처분을 하지 아니하면 결정으로 상당한 기간을 정하고 피청구인이 그 기간 내에 이행하지 아니하는 경우에는 배상을 할 것을 명할 수 있다. 대법원은 소송상 간접강제 배상금은 손해배상이 아니라 심리적 강제수단에 불과하다고 판시하였다.

Ⅴ. 인용재결에 대한 불복허용여부

학설상 부정설은 행정심판법 제49조의 기속력을 논거로, 예외적 긍정설은 지방자치단체의 자치권을 침해하는 재결의 경우에 긍정하는 입장이다. 대법원은 처분행정청은 인용재결에 기속되어 이에 불복하여 항고소송을 제기할 수 없다고 판시하였다. 생각건대 원칙적으로는 부정하는 것이 타당하지만, 예외적으로 자치사무에 대하여는 긍정하는 것이 헌법상 부여된 자치권보장을 위해 타당하다.

Ⅵ. 기판력의 부존재

재결은 명문의 규정이 없는 한 확정판결의 기판력이 발생하지 않는다. 대법원도 재결이 확정된 경우라도 당사자들이나 법원이 이에 기속되는 것은 아니라고 판시하였다.

6. 행정심판전치주의

Ⅰ. 원칙 : 임의적 행정심판전치주의

행정소송법(이하 '법'이라 한다)은 원칙적으로 임의적 행정심판전치주의를 채택하고 있으므로 처분에 대해 행정심판을 거친 후 취소소송을 제기할 수도 있고, 행정심판을 거치지 않더라도 취소소송을 제기할 수도 있다(법제18조제1항).

Ⅱ. 예외 : 필요적 행정심판전치주의

법제18조 제1항 단서는 '다만 다른 법률에 당해 처분에 대한 행정심판의 재결을 거치지 아니하면 취소소송을 제기할 수 없다'고 규정하여 예외적으로 필요적 행정심판전치주의를 채택하고 있는 바, 이는 행정의 자율적 통제기회를 제공하고 행정의 전문지식을 활용하여 법원의 부담을 경감하기 위한 것으로서 국세기본법상 국세청장의 심사청구 또는 조세심판원의 심판청구, 국가공무원법·지방공무원법상 공무원의 징계 등에 대한 소청, 도로교통법상의 운전면허 관련처분에 대한 행정심판이 이에 해당한다.

Ⅲ. 필요적 행정심판전치의 적용범위

1. 원칙

필요적 행정심판전치주의는 취소소송과 부작위위법확인소송(법제38조제2항)을 제기하는 경우에만 적용이 되고 무효확인소송에는 적용되지 아니하고(법제38조제1항) 행정심판은 당사자심판이 없으므로 당사자소송의 경우에는 성질상 적용될 여지가 없다(법제44조).

2. 제3자의 취소소송

대법원은 행정처분의 상대방이 아닌 제3자가 제3자가 취소소송을 제기하는 경우에도 필요적 행정심판주의가 적용된다고 판시하였다.

3. 무효선언적 의미의 취소소송

1) 학설
  ① 긍정설은 소송형식이 취소소송이라면 행정소송법상 행정심판전치주의, 제소기간 등의 소송요건을 갖추어야 한다고 보고 ② 부정설은 실질을 무효확인소송으로 본다.

2) 판례
  대법원은 무효를 선언하는 의미의 취소를 구하는 소송을 제기하는 경우에는 전치절차와 그 제소기간의 준수 등 취소소송의 제소요건을 갖추어야 한다고 판시하였다.

3) 검토
  생각건대 소송형식이 취소소송이라면 취소소송의 소송요건을 갖추어야 한다고 보는것이 타당하다.

Ⅳ. 필요적 행정심판전치의 완화

개별법령이 두 종류 이상의 행정심판을 규율하고 있는 경우에는 그 중 하나만 거치면 된다. 즉 국세기본법상 심사청구 또는 심판청구 중 하나만 거치면 된다.

Ⅴ. 필요적 행정심판전치주의의 예외

1. 행정심판의 재결을 거치지 않고 제소할 수 있는 경우(법제18조제2항)

① 행정심판청구가 있은 날로부터 60일이 지나도 재결이 없는 때 ② 처분의 집행 또는 절차의 속행으로 생길 중대한 손해를 예방하여야 할 긴급한 필요가 있는 때 ③ 법령의 규정에 의한 행정심판기관이 의결 또는 재결을 하지 못할 사유가 있는 때 ④ 그 밖의 정당한 사유가 있는 때

2. 행정심판을 제기함이 없이 제소할 수 있는 경우(법제18조제3항)

① 동종사건에 관하여 이미 행정심판의 기각재결이 있은 때 ② 서로 내용상 관련되는 처분 또는 같은 목적을 위하여 단계적으로 진행되는 처분 중 어느 하나가 이미 행정심판의 재결을 거친 때 ③ 행정청이 사실심의 변론종결 후 소송의 대상인 처분을 변경하여 당해 변경된 처분에 관하여 소를 제기하는 때 ④ 처분을 행한 행정청이 행정심판을 거칠 필요가 없다고 잘못 알린 때

VI. 심판전치주의 충족여부에 대한 판단

1 적법한 심판청구
행정심판전치주의에 있어 행정심판이란 적법한 심판청구를 의미하므로 기간경과 등의 부적법한 심판청구에 대해 행정심판위원회가 본안재결을 하였더라도 행정심판전치의 요건을 충족하지 못한 것이고 반대로 적법한 행정심판을 청구하였는데 위원회가 부적법한 것으로 오인하여 각하한 경우에는 요건을 충족한 것이다.

2 직권조사 및 판단시점
행정심판전치주의 요건은 사실심 변론종결시까지 충족시키면 되고 법원의 직권조사사항이다. 대법원도 소송계속 중 심판청구를 하여 기각결정을 받았다면 사실심 변론종결시에는 전치요건 흠결의 하자가 치유된다고 판시하였다.

7. 당사자소송

I. 의의 및 항고소송과의 구별

행정소송법제3조제2호(이하 법이라 한다)는 당사자소송이란 행정청의 처분 등을 원인으로 하는 법률관계에 관한 소송 그 밖에 공법상의 법률관계에 관한 소송으로서 그 법률관계의 한쪽 당사자를 피고로 하는 소송을 말한다고 규정하고 있다. 항고소송은 공행정주체가 우월할 지위에서 갖는 공권력의 행사·불행사와 관련된 분쟁의 해결을 위한 소송(법제3조제1호)이나 당사자소송은 대등한 당사자 간의 공법상의 권리·의무에 관한 소송이다.

II. 당사자소송의 종류

1. 실질적 당사자소송

1) 처분 등을 원인으로 하는 법률관계에 관한 소송

무효인 과세처분을 전제로 이미 납부한 세금의 반환을 구하는 부당이득반환청구소송, 위법한 공권력행사로 인한 국가배상청구소송 등이 여기에 해당한다. 다만, 판례는 이러한 소송을 민사소송으로 다루고 있다.

2) 기타 공법상 법률관계에 관한 소송

공무원보수지급청구 등 공법상 금전지급청구를 위한 소송, 공법상 지위신분의 확인을 구하는 소송 등이 이에 해당한다.

3) 관련 판례

① 당사자소송을 인정한 경우

전문계약직공무원(서울시립합창단원, 공중보건의사)에 대한 해촉, 미지급퇴직연금지급청구, 광주민주화운동보상금청구, 부가가치세 환급청구는 당사자소송의 대상이다.

② 당사자소송을 부정한 경우

민주화운동관련자보상금지급청구에 대한 거부, 진료비지급청구에 대한 거부, 퇴직연금 지급거부결정은 항고소송의 대상이다.

2. 형식적 당사자소송

1) 의의 및 필요성

행정청의 처분이나 재결에 의하여 형성된 법률관계에 관하여 다툼이 발생한 경우에 당해 처분 또는 재결의 효력을 다투지 않고 곧바로 처분이나 재결에 의하여 형성된 법률관계에 대하여 일방 당사자를 피고로 하여 제기하는 소송을 말하고 실정법상 토지보상법상 수용재결처분에 대한 보상금증감청구소송이 이에 해당한다. 현재 의무이행소송이 인정되고 있지 않으므로 신속한 권리구제를 도모하고 소송절차를 최소화하기 위하여 필요하다.

2) 해석상 인정여부

① 학설

㉠ 부정설은 공정력을 인정하는 취지에 반한다는 입장이고 ㉡ 긍정설은 국민의 권리구제 및 분쟁의 일회적 해결에 비추어 인정하자는 입장이다.

② 판례

대법원은 공무원의 급여지급신청에 대하여 공단이 이를 거부하거나 일부금액만 인정하는 결정을 한 경우 그 결정을 대상으로 항고소송을 제기하여야 하고, 구체적인 권리가 발생하지 않은 상태에서 곧바로 공단 등을 상대로 당사자소송을 제기하는 것은 허용되지 아니한다고 판시하였고, 민주화운동보상금사건에서도 동일한 취지의 판시를 하였다.

③ 검토

생각건대 해석상 형식적 당사자소송을 인정하면 항고소송은 무용해지므로 부정하는 것이 타당하다.

III. 소송요건

1. 당사자적격

원고적격은 공법상 법률관계를 주장하는 자에게 있고 피고적격은 행정소송법 제3조 제2호, 제39조에 의하여 그 법률관계의 한쪽 당사자인 국가·공공단체 등 권리주체가 있다.

2 피고경정

당사자소송에도 피고경정에 관한 규정이 적용되므로 원고가 피고를 잘못 지정한 때에는 법원은 원고의 신청에 의해 결정으로써 피고의 경정을 허가할 수 있다.

3 제소기간(법제41조)

취소소송의 제소기간은 당사자소송에 준용되지 않으므로 원칙적으로 제소기간의 제한이 없지만 개별법률에서 제소기간을 정한 경우에는 불변기간에 해당한다.

4 재판관할(법제40조)

법제9조 취소소송의 관할규정은 당사자소송의 경우에 준용한다. 다만, 국가 또는 공공단체가 피고인 경우에는 관계행정청의 소재지를 피고의 소재지로 본다.

Ⅳ. 민사소송법 등의 준용(법제8조제2항)

1 준용범위

당사자소송은 민사소송과 유사한 형태의 소송으로서 법제8조제2항에 의하여 민사소송법 등이 대부분 준용된다.

2 민사집행법상 가처분 준용

대법원은 당사자소송에 대하여는 집행정지에 관한 규정이 준용되지 아니하므로, 행정소송법 제8조 제2항에 따라 민사집행법상 가처분에 관한 규정이 준용되어야 한다고 판시하였다.

3 민사소송법상 확인소송의 보충성 준용

대법원은 계약직 공무원의 채용기간이 만료된 경우 채용계약 해지의 무효확인만으로는 권리구제의 기능이 있다고 할 수 없으므로 침해된 급료지급청구권 등은 바로 급료의 지급을 구하는 등 이행청구소송으로 직접적인 권리구제방법이 있는 이상 확인소송의 또 다른 소송요건(보충성)을 구비하지 못하였다고 판시하였다.

8. 행정심판고지

Ⅰ. 고지제도의 의의 및 기능(법제58조)

고지제도란 행정청이 처분을 함에 있어서 상대방에게 그 처분에 대하여 행정심판을 제기할 수 있는지 여부, 심판청구절차, 청구기간 등 행정심판의 제기에 필요한 사항을 미리 알려 주는 제도로서 국민에게 행정심판제도의 이용기회를 보장하고 행정청의 처분의 신중·적정성을 도모하는 기능을 한다(행정심판법제58조).

Ⅱ. 성질

고지는 불복제기의 가능 여부 및 불복청구의 요건 등 불복청구에 필요한 사항을 알려주는 비권력적 사실행위로서 그 자체로는 상대방에게 아무런 법적 효과를 발생시키지 않으므로 처분이 아니지만 행정청은 반드시 따라야 하는 강행규정에 해당한다.

Ⅲ. 고지의 종류

1. 직권에 의한 고지(법제58조제1항)

직권에 의한 고지는 행정청이 당사자의 신청을 전제로 하지 않고 고지해야 하는 경우를 말한다. 직권고지의 대상이 되는 처분은 행정심판법상의 심판청구의 대상이 되는 처분에 한정되는 것이 아니라 다른 법률에 의해 행정심판의 대상이 되는 처분도 포함된다. 직권고지의 주체는 행정청이고 그 상대방은 당해 처분의 상대방을 의미한다. 고지의 방법과 시기에 관해 명문규정은 없으나 처분시에 서면으로 하는 것이 일반적이다.

2. 청구에 의한 고지(법제58조제2항)

행정청은 이해관계인이 요구하면 일정한 사항을 지체 없이 알려 주어야 한다. 이 경우 서면으로 알려 줄 것을 요구받으면 서면으로 알려 주어야 한다. 여기서 '지체 없이'란 행정심판을 제기하는 데 불편을 주지 않는 합리적 기간 내를 의미한다.

Ⅳ. 고지의무위반의 효과

1. 불고지의 효과

행정청이 행정심판청구에 관한 사항을 고지하지 않거나 잘못 고지하여 청구인이 다른 행정기관에 심판청구서를 제출한 때에는 당해 행정기관은 심판청구서를 지체 없이 정당한 권한 있는 피청구인에게 보내고, 그 사실을 청구인에게 알려야 한다(법 제23조 제2·3항). 심판청구기간을 고지하지 아니한 때에는 청구인이 실제로 처분이 있었음을 알았는지 여부 및 심판청구기간을 알았는지 여부와 상관없이 처분이 있었던 날로부터 180일이 적용된다. 판례도 개별법상 심판청구기간 등을 알려주지 아니하였다면 행정심판법규정에 의하여 180일 이내에 심판을 청구할 수 있다고 판시하였다.

2. 오고지의 효과

행정청이 법률에 규정된 고지기간보다 길게 고지한 경우에는 그 고지된 청구기간 내에 심판청구가 있으면, 법정의 청구기간이 경과된 때에도 적법한 기간 내에 심판청구가 있은 것으로 보고 반대로 법정기간보다도 짧게 고지한 것은 아무런 효과를 가질 수는 없으므로 법정기간 내에 제기하면 족하다(법제27조제5항). 다만, 대법원은 오고지의 효과가 행정소송 제기에도 당연히 적용되는 규정은 아니므로 당사자가 법정 심판청구기간보다 긴 기간으로 잘못 통지받아 행정소송법상 법정제소기간(90일)을 도과하였다고 하더라도, 그것이 당사자가 책임질 수 없는 사유가 아니므로 소송행위의 추완을 부정하였다.

3. 심판청구시점

행정청이 행정심판청구에 관한 사항을 고지하지 않거나 잘못 고지하여 청구인이 다른 행정기관에 심판청구서를 제출되었을 때에 행정심판이 청구된 것으로 본다(법제23조제4항).

4. 필요적 심판전치주의 예외

처분을 행한 행정청이 행정심판을 거칠 필요가 없다고 잘못 알린 때에는 행정심판을 제기할 필요 없이 행정소송을 제기할 수 있다고 규정하고 있다(행정소송법 제18조 제3항 제4호).

V. 고지의 하자와 처분의 효력

대법원은 고지절차에 관한 규정은 행정처분의 상대방이 그 처분에 대한 행정심판의 절차를 밟는데 있어 편의를 제공하려는데 있으므로 처분청이 고지의무를 이행하지 아니하였다고 하더라도 행정처분에 어떤 하자가 수반되는 것은 아니라고 판시하였다.

VI. 입법론

행정심판법상 고지제도가 행정소송법에는 도입되어 있지 않는데 행정소송법은 원칙적으로 임의적 심판전치주의를 채택하고 있으므로 행정청이 처분을 하는 경우에도 관할법원, 제소기간 등을 고지하는 것이 필요하므로 이를 도입하는 것이 필요하다.

9. 객관소송

I. 의의

행정소송은 본래 위법한 행정작용에 의하여 개인의 권익이 침해된 경우에 법원이 이를 구제하는 것을 목적으로 하는 주관소송이 원칙이다. 다만, 행정소송법은 개인의 권익보호를 목적으로 하지 않고 객관적인 행정의 적법성을 보장하기 위한 소송으로 객관소송을 규정하고 있다.

II. 종류

1. 민중소송(법 제3조 제3호)

1) 의의

민중소송이란 국가 또는 공공단체의 기관이 법률에 위반되는 행위를 한 때에 직접 자기의 법률상 이익과 관계없이 그 시정을 구하기 위하여 제기하는 소송으로서 개인의 권리구제를 직접 목적으로 하는 것이 아니다.

2) 종류

① 공직선거법상 대통령·국회의원선거에 관한 소송, 지방의회의원·지방자치단체의 장 선거에 관한 소송 ② 국민투표법상 국민투표무효확인소송 ③ 지방자치법상 주민소송 등이 있다.

3) 주민소송에 관한 판례

대법원은 행정청이 이행강제금부과를 게을리 한 행위, 특정인에 대한 도로점용허가는 주민소송의 대상이라고 판시하였다.

2. 기관소송(법 제3조 제4호)

1) 의의

기관소송이란 국가 또는 공공단체의 기관 상호 간에 있어서 권한의 존부 또는 그 행사에 대한 다툼이 있을 때 제기하는 소송을 말하는 바, 헌법재판소에서 관장하는 권한쟁의심판은 행정소송법의 기관소송에서 제외하고 있다.

2) 종류

① 지방자치법상 지방의회의 재의결 등에 대하여 지방자치단체의 장이 지방의회를 피고로 제기하는 소송 ② 지방교육자치에 관한 법률상 지방의회의 재의결 등에 대하여 교육감이 지방의회를 피고로 제기하는 소송 ③ 지방자치법상 지방자치단체의 장이 감독청의 감독처분에 대하여 제기하는 소송 등이 있다.

III. 당사자적격

1. 원고적격

행정소송법 제45조는 민중소송 및 기관소송은 법률이 정한 경우에 법률에 정한 자에 한하여 제기할 수 있다고 규정하고 있다. 즉, 객관소송에서의 원고적격은 개별법상 일정한 제약을 받는다.

2. 피고적격

피고적격 역시 개별 법률에서 정하고 있다.

IV. 재판관할

민중소송 및 기관소송의 재판관할에 대하여도 개별법이 정하는 바에 따른다. 현행법상으로는 대법원이 1심이며 종심인 단심제로 규정하고 있는 경우가 일반적이고, 기초 지방자치단체의 선거소송은 고등법원을 1심으로 규정하고 있다. 다만, 주민소송은 3심제를 채택하고 있다.

V. 적용법규

1. 취소소송에 관한 규정 준용(법 제46조 제1항)

민중소송 또는 기관소송으로써 처분등의 취소를 구하는 소송에는 그 성질에 반하지 아니하는 한 취소소송에 관한 규정을 준용한다.

2 무효등확인소송 및 부작위위법확인소송 규정의 준용(법제46조제2항)

민중소송 또는 기관소송으로써 처분등의 효력 유무 또는 존재 여부나 부작위의 위법의 확인을 구하는 소송에는 그 성질에 반하지 아니하는 한 각각 무효등 확인소송 또는 부작위위법확인소송에 관한 규정을 준용한다.

3 당사자소송 규정의 준용(법제46조제3항)

민중소송 또는 기관소송으로서 제46조 제1항 및 제2항에 규정된 소송외의 소송에는 그 성질에 반하지 아니하는 한 당사자소송에 관한 규정을 준용한다.

Ⅵ. 관련판례

1 선거관리위원회위원장 및 소방청장 사건(기관소송의 경우)

대법원은 행정소송법은 제45조는 '기관소송은 법률이 정한 경우에 법률에 정한 자에 한하여 제기할 수 있다'고 규정하여 이른바 기관소송 법정주의를 채택하고 있는데 국민권익위원회의 조치요구에 관하여는 국민권익위원회법 등에 기관소송을 허용하는 규정을 두고 있지 아니하므로, 선관위위원장 및 소방청장은 기관소송으로다툴 수 없다고 판시하였다.

2 명문의 규정이 없는 민중소송 인정여부

대법원은 사단법인 대한의사협회는 의료법에 의하여 의사들을 회원으로 하여 설립된 사단법인으로서, 국민건강보험법상 요양급여행위, 요양급여비용의 청구 및 지급과 관련하여 직접적인 법률관계를 갖지 않고 있으므로, 보건복지부 고시인 '건강보험요양 급여행위 및 그 상대가치점수 개정'으로 인하여 자신의 법률상 이익을 침해당하였다고 할 수 없다는 이유로 위 고시의 취소를 구할 원고적격이 없다고 판시하였다.

10. 주민소송

1. 주민소송의 의의 및 성질
주민이 지방자치단체의 위법한 재무회계행위를 시정하기 위하여 법원에 제기하는 소송을 말하는 바 민중소송으로서 객관소송에 해당한다.

2. 민중소송(행정소송법제3조제3호)

1) 의의
민중소송이란 국가 또는 공공단체의 기관이 법률에 위반되는 행위를 한 때에 직접 자기의 법률상 이익과 관계없이 그 시정을 구하기 위하여 제기하는 소송으로서 개인의 권리구제를 직접 목적으로 하는 것이 아니다.

2) 종류
① 공직선거법상 대통령·국회의원선거에 관한 소송, 지방의회의원·지방자치단체의 장선거에 관한 소송 ② 국민투표법상 국민투표무효확인소송 ③ 지방자치법상 주민소송 등이 있다.

3. 당사자적격

1) 원고적격
행정소송법제45조는 민중소송 및 기관소송은 법률이 정한 경우에 법률에 정한 자에 한하여 제기할 수 있다고 규정하고 있다. 즉, 객관소송에서의 원고적격은 개별법상 일정한 제약을 받는다.

2) 피고적격
피고적격 역시 개별 법률에서 정하고 있다.

4. 재판관할
민중소송의 재판관할에 대하여도 개별법이 정하는 바에 따른다. 현행법상으로는 대법원이 1심이며 종심인 단심제로 규정하고 있는 경우가 일반적이고 기초 지방자치단체의 선거소송은 고등법원을 1심으로 규정하고 있다. 다만, 주민소송은 3심제를 채택하고 있다.

5. 적용법규(행소법제46조)
① 민중소송 또는 기관소송으로써 처분등의 취소를 구하는 소송에는 그 성질에 반하지 아니하는 한 취소소송에 관한 규정을 준용한다. ② 민중소송 또는 기관소송으로써 처분등의 효력 유무 또는 존재 여부나 부작위의 위법의 확인을 구하는 소송에는 그 성질에 반하지 아니하는 한 각각 무효등 확인소송 또는 부작위법확인소송에 관한 규정을 준용한다. 민중소송 또는 기관소송으로서 제1항 및 제2항에 규정된 소송외의 소송에는 그 성질에 반하지 아니하는 한 당사자소송에 관한 규정을 준용한다.

6. 주민소송에 관한 판례
대법원은 행정청이 이행강제금부과를 게을리 한 행위, 특정인에 대한 도로점용허가는 주민소송의 대상이라고 판시하였다.

11. 하자의 승계

I. 논점의 정리

II. 하자의 승계론

하자의 승계론이란 선행 처분에 불가쟁력이 발생한 경우 후행 처분을 취소소송의 대상으로 하면서 당해 소송에서 선행 처분의 위법성을 주장하여 후행 처분을 취소할 수 있는지에 관한 논의이다.

III. 논의의 전제

① 선행행위와 후행행위 모두 처분이고 ② 선행 처분의 하자는 취소사유에 해당하며 ③ 선행 처분에 불가쟁력이 발생하였을 것, ④ 후행 처분 자체는 적법하여야 한다. 사안의 경우 보충역편입처분은 현역병에서 제외하는 처분이고, 공익근무요원소집처분은 보충역편입처분을 받은 자에게 공익복무를 명하는 처분으로서 모두 처분이다. 또한 공익소집처분 자체는 적법하고 보충역편입처분은 취소사유에 해당하지만 제소기간을 도과하였으므로 논의의 전제요건은 충족되었다.

IV. 하자승계의 인정범위에 관한 기준

1. 학설

① 하자의 승계론
  선행 처분과 후행 처분이 결합하여 하나의 법률효과의 발생을 목적으로 하는 경우에는 하자의 승계를 긍정하고, 양 행위가 서로 독립하여 별개의 법률효과의 발생을 목적으로 하는 경우에는 하자의 승계를 부정한다.

② 불가쟁력의 구속력이론
  원칙적으로 후행 처분은 선행 처분과 모순되어서는 안된다고 하면서 선행 처분의 하자를 이유로 후행 처분을 다툴 수 없다고 한다. 다만, 상대방에게 지나치게 가혹한 사정이 있는 경우에는 구속력이 배제되므로 후행 처분을 다툴 수 있다고 한다.

2. 판례

대법원은 원칙적으로 하자의 승계론과 동일한 입장에서 보충역편입처분과 공익소집처분은 승계를 부정하지만 독촉처분과 압류처분의 경우에는 승계를 긍정한다. 다만, 최근 개별공시지가결정과 조세부과처분 및 표준지가결정과 수용재결처분은 서로 별개의 효과를 목적으로 하지만 국민에게 지나치게 가혹한 사정을 인정하여 하자의 승계를 긍정하였다.

3. 검토

생각건대 원칙적으로는 공익보호의 효과와 국민의 권리구제를 조화롭게 해석하는 하자의 승계론을 기준으로 하되 구체적 타당성에 비추어 국민의 수인가능성을 함께 고려하는 판례의 입장이 타당하다.

V. 사안의 해결

VI. 행정기본법상 재심사청구

만약 하자의 승계가 인정되지 않는 경우라면 국민은 행정기본법상 처분의 재심사제도를 적극 활용하여야 하고, 처분청 역시 위법한 처분은 직권취소하여야 한다.